U0117272

黄慎全集

山水画

海峡出版发行集团 THE STRAITS PUBLISHING & DISTRIBUTING GROUP | 福建美术出版社 FUJIAN FINE ARTS PUBLISHING HOUSE

图版

写生山水册十二帧之一——**江干晓雾图**

纸本 水墨 约雍正初年作（一七二七）

20cm×14cm

上海朵云轩藏

钤印：黄（白）、慎（白）联珠印

写生山水册十二帧之二——**寒林秋涧图**

纸本 水墨 约雍正初年作（一七二七）

20cm×14cm

上海朵云轩藏

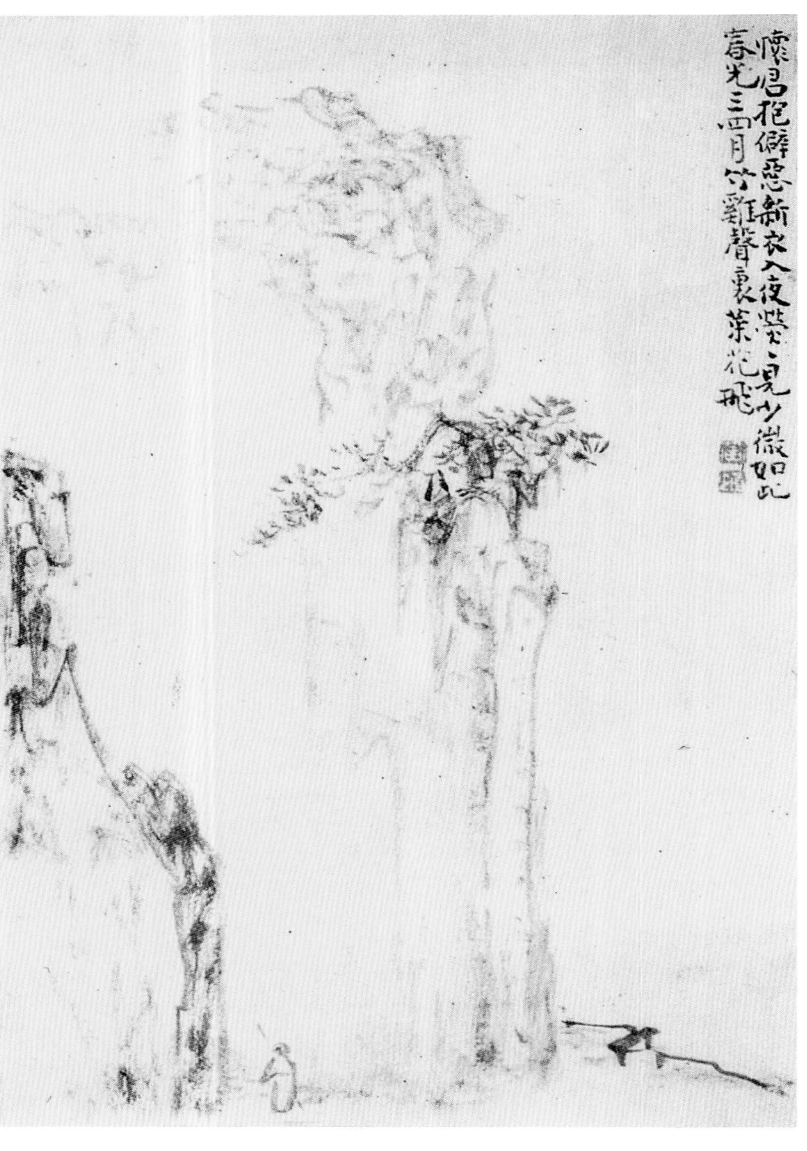

写生山水册十二帧之三——**策杖山行图**

纸本　水墨　雍正初年作（一七二七年顷）

20cm×14cm

上海朵云轩藏

写生山水册十二帧之四——**杖屦登山图**

纸本　水墨　雍正初年作（一七二七年顷）

20cm×14cm

上海朵云轩藏

写生山水册十二帧之五——**茅亭野渚图**

纸本　水墨　雍正初年作（一七二七年顷）

20cm×14cm

上海朵云轩藏

钤印：黄（白）、慎（白）联珠印

写生山水册十二帧之六——**山谷精舍图**

纸本　水墨　雍正初年作（一七二七年顷）

20cm×14cm

上海朵云轩藏

写生山水册十二帧之七——**岩麓泊舟图**

纸本　水墨　雍正初年作（一七二七年顷）

20cm×14cm

上海朵云轩藏

钤印：黄（白）、慎（白）联珠印

写生山水册十二帧之八——**萧寺步月图**

纸本　水墨　雍正初年作（一七二七年顷）

20cm×14cm

上海朵云轩藏

写生山水册十二帧之九——**松阴书屋图**

纸本　水墨　雍正初年作（一七二七年顷）

20cm×14cm

上海朵云轩藏

写生山水册十二帧之十——**江城晓色图**

纸本　水墨　雍正初年作（一七二七年顷）

20cm×14cm

上海朵云轩藏

写生山水册十二帧之十一——**梅冈话旧图**

纸本　水墨　雍正初年作（一七二七年顷）

20cm×14cm

上海朵云轩藏

款识：黄慎

钤印：黄（白）、慎（白）联珠印

写生山水册十二帧之十二——**归隐故庐图**

纸本　水墨　雍正初年作（一七二七年顷）

20cm×14cm

上海朵云轩藏

钤印：黄（白）、慎（白）联珠印

行舟浔阳城图

横幅　雍正十年正月（一七三二）

30.8cm×59.5cm

中国嘉德拍卖公司二〇〇五年春季影印

款识：雍正十年春王月，闽中黄慎写。

钤印：臣（朱）、慎（白）联珠印

释文：山光围一郡，江月照千家。

江村雪霁图

册　纸本　设色　雍正十二年长至（一七三四）

31cm×43.5cm

广东省博物馆藏

款识：雍正十二年夏至日，闽中黄慎。

钤印：黄（白）、慎（白）联珠印

释文：日出皖江天，儿童戏岸边。敲冰擎作磬，攒雪塑飞仙。诗酒消寒色，须眉忆少年。明朝风便不？借问秣陵船。雍正癸卯冬十月，余游吴越，泛彭蠡，舟中经两阅月。一川烟雨晴岚，晨夕对之，辄忆曰：「安得素绢百匹剪取江水之为快也！」及今思之，遂令神往。偶摹是册，恍惚如斯。并系小诗以纪。

江城烟雨图

册 纸本 水墨

雍正十二年夏至（一七三四）

31cm×43.5cm

广东省博物馆藏

钤印：黄（白）、慎（白）联珠印

溪山秋树图

册　纸本　墨笔

雍正十二年夏至（一七三四）

31cm×43.5cm

广东省博物馆藏

钤印：黄（白）、慎（白）联珠印

舟行小姑山图

册　纸本　墨笔

雍正十二年夏至（一七三四）

31cm×43.5cm

广东省博物馆藏

钤印：黄（白）、慎（白）联珠印

溪山别馆图

册　纸本　墨笔

雍正十二年夏至（一七三四）

31cm×43.5cm

广东省博物馆藏

钤印：黄（白）、慎（白）联珠印

溪山古村图

册　纸本　设色　雍正十二年夏至（一七三四）

31cm×43.5cm

广东省博物馆藏

钤印：黄（白）、慎（白）联珠印

柳溪古亭图

册　纸本　设色

雍正十二年夏至（一七三四）

31cm×43.5cm

广东省博物馆藏

钤印：黄（白）、慎（白）联珠印

驴雪行旅图

册 纸本 设色

雍正十三年九月（一七三五）

27.9cm×44.5cm

故宫博物院藏

款识：雍正十三年秋九月写，瘿瓢山人黄慎。

钤印：黄（白）、慎（白）联珠印

生長白門前倒照秦淮水借問
別離人攀折何時已余戊戌
江南作也癭瓢先生客維揚三
十餘年傷春傷別頗類古人
退而老于皎湖之上門前柳數
株茶煙禪榻卧病堂時或撫
今憾昔行吟淚下平生作秋
柳圖冣多是卷乃其真迹
余學不及之而此景與之齊矣
先生于余有澗源余見時八
十餘齒落耳聾鬢髮皓白
乾隆四十七年十月九日浣雲居
士謙尊跋于紅葉山莊 病下晚秋字

杨柳庄院图（又名《柳坞图》）

卷　纸本　墨笔

雍正十三年三月（一七三五）

31.3cm×150cm

日本东京国立博物馆藏

款识： 雍正乙卯春三月，写于嵩南旧草堂。

钤印： 黄（朱）、慎（白）联珠印

柳溪行舟图

册　纸本　墨笔

雍正十三年九月（一七三五）

27.9cm×44.5cm

故宫博物院藏

钤印：黄（白）、慎（白）联珠印

释文：江南江北渺烟波，夜雨渔灯冷钓蓑。
又见王孙芳草绿，柳丝偏系客情多。

溪亭秋树图

册　纸本　墨笔

雍正十三年九月（一七三五）

27.9cm×44.5cm

故宫博物院藏

钤印：黄（白）、慎（白）联珠印

溪山别馆图

册　纸本　墨笔

雍正十三年九月（一七三五）

27.9cm×44.5cm

故宫博物院藏

钤印：黄（白）、慎（白）联珠印

鄱湖飞帆图

册 纸本 设色

雍正十三年九月（一七三五）

27.9cm×44.5cm

故宫博物院藏

钤印：黄（白）、慎（白）联珠印

释文：江豚十日狂风恶，鼓鬣鲥鱼意转扬。此日一天风浪静，飞帆十副出鄱阳。

风雨行舟图

册　纸本　墨笔　雍正十三年九月（一七三五）

27.9cm×44.5cm

故宫博物院藏

钤印：黄（白）、慎（白）联珠印

释文：来往空劳白下船，秦楼楚馆总堪怜。但余一卷新诗草，听雨江湖二十年。

雪溪策驴图

册 纸本 墨笔

乾隆元年十一月（一七三六）

32.1cm×32.2cm

无锡市博物馆藏

款识：乾隆元年十一月，闽中黄慎写。

钤印：黄慎印（白）

释文：送君微雨雪花天，扬子江头鸭嘴船。归去宁阳如有问，疲驴破帽过年年。

山楼候棹图

册　纸本　墨笔

乾隆元年十一月（一七三六）

32.1cm×32.2cm

无锡市博物馆藏

钤印：黄慎印（白）

释文：船回载酒客，楼倚独吟人。

孤帆烟雨图

册 纸本 墨笔

乾隆元年十一月（一七三六）

32.1cm×32.2cm

无锡市博物馆藏

钤印：黄（白）、慎（白）

释文：来往空劳白下船，秦楼楚馆总堪怜。但余一卷新诗草，听雨江湖二十年。

溪亭憩望图

册　纸本　墨笔

乾隆元年十一月（一七三六）

32.1cm×32.2cm

无锡市博物馆藏

钤印：黄慎印（白）

释文：夜雨寒潮忆敝庐，人生只合老樵渔。五湖收拾看花眼，归去青山好著书。

秋江徙倚图

册　绢本　墨笔

乾隆二年三月（一七三七）

33.5cm×24cm

广东省博物馆藏

钤印：黄（白）、慎（白）联珠印

释文：秦淮日夜大江流，何处魂消燕子楼。砧捣一声霜露下，可怜都作石城秋。

湖畔策驴图

册 绢本 墨笔

乾隆二年三月（一七三七）

33.5cm×24cm

广东省博物馆藏

钤印：黄（白）、慎（白）联珠印

释文：三山门外望平芜，春草春烟叫鹧鸪。扑面梨花寒食雨，蹇驴又过莫愁湖。

白门春思图

册　绢本　设色

乾隆二年三月（一七三七）

33.5cm×24cm

广东省博物馆藏

钤印：黄（白）、慎（白）联珠印

释文：柳眼青青送客过，白门草色近如何？明朝犹有故园思，燕子来时风雨多。

夕阳归牧图

册　绢本　设色

乾隆二年三月（一七三七）

33.5cm×24cm

广东省博物馆藏

钤印：黄（白）、慎（白）联珠印

释文：春来雨洗读书堂，坐拂花茵爱石床。门外秧针新绿遍，犊归村巷背斜阳。

苇溪钓舟图

册　绢本　设色

乾隆二年三月（一七三七）

33.5cm×24cm

广东省博物馆藏

钤印：黄（白）、慎（白）联珠印

释文：篮内河鱼换酒钱，芦花被里醉孤眠。每逢风雨不归去，红蓼滩头泊钓船。

南朝古刹图

册 绢本 墨笔

乾隆二年三月（一七三七）

33.5cm×24cm

广东省博物馆藏

钤印：黄（白）、慎（白）联珠印

秋山古寺图

册　绢本　墨笔

乾隆二年三月（一七三七）

33.5cm×24cm

广东省博物馆藏

钤印：黄（白）、慎（白）联珠印

释文：十年客类打包僧，无怪秋霜两鬓鬅。历尽南朝多少寺，读书频借佛龛灯。

驴雪行旅图

册　纸本　水墨设色

乾隆二年十二月（一七三七）

30cm×33cm

款识：乾隆二年十二月，写于绵水种莲书屋，闽宁化黄慎。

钤印：黄（朱）、慎（白）联珠印

释文：送君微雨雪花天，扬子江头鸭嘴船。归去宁阳如有问，疲驴破帽过年年。

溪山坐眺图

册 纸本 墨笔

乾隆三年正月（一七三八）

24cm×26.5cm

常州博物馆藏

钤印：黄慎（白文）

柳溪钓舟图

册　纸本　设色

乾隆三年正月（一七三八）

24cm×26.5cm

常州博物馆藏

钤印：黄慎（白文）

山溪行舟图

册　纸本　设色

乾隆三年四月（一七三八）

23.1cm×48.1cm

日本京都泉屋博古馆藏

钤印：恭寿（白）、慎（白）

雪溪策驴图

册　纸本　设色

乾隆三年四月（一七三八）

23.1cm×48.1cm

日本京都泉屋博古馆藏

款识：乾隆三年四月，黄慎写。

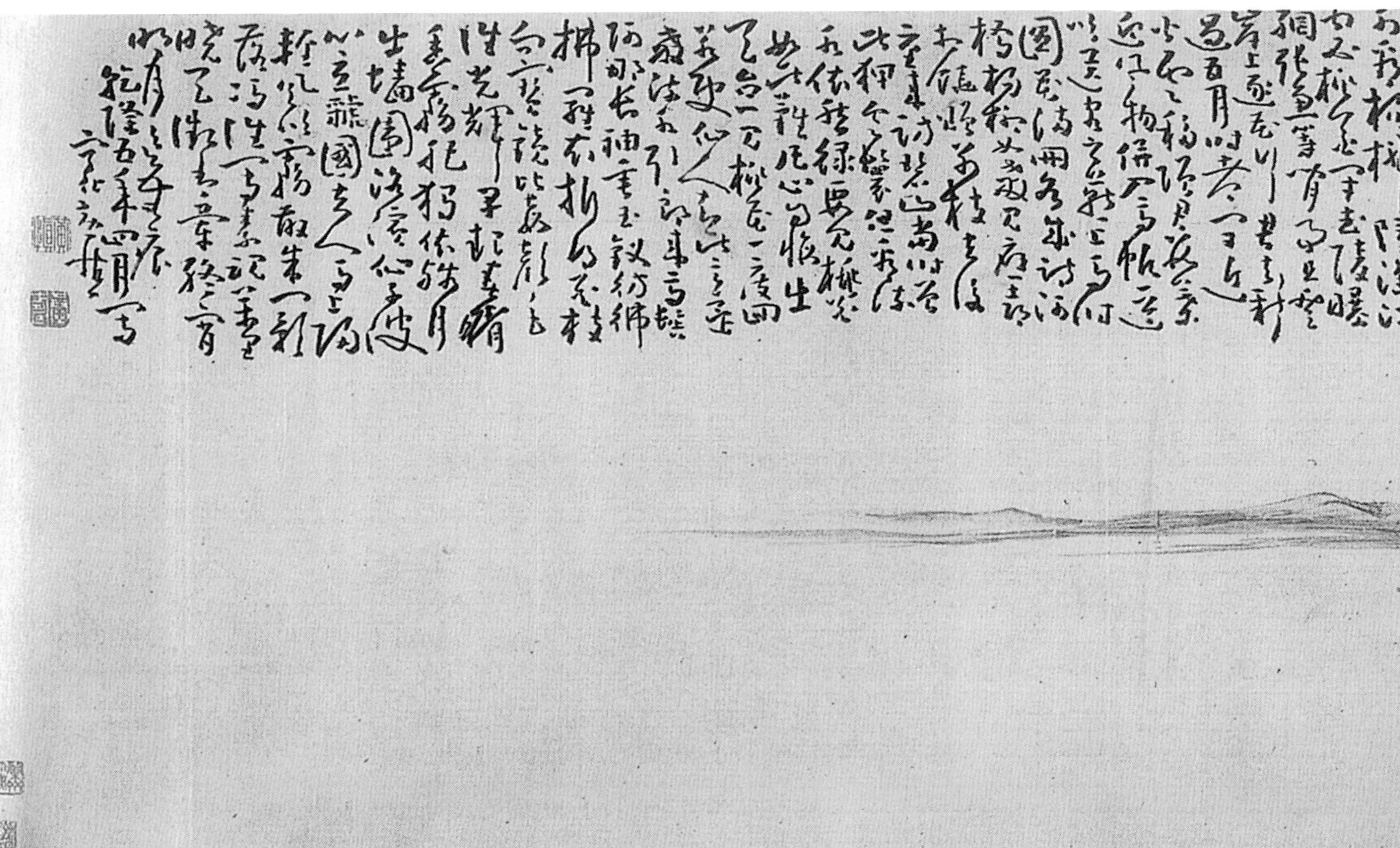

桃柳春江图

卷　纸本　设色

乾隆五年四月（一七四〇）

台北故宫博物院藏

款识：乾隆五年四月写，宁化黄慎。

钤印：黄慎（朱文）、恭寿（白文）

释文：

外看杨柳障渔汀，内正桃花闭武陵。曝网张鱼等闲事，且登岸上逐花行。君去新过五月时，都门日近火云移。赠君数叶迎风物，并入高帆一道吹。送客之燕上马时，图花满册各成诗。河桥杨柳如教见，应喜相饶赠别枝。去后重来访碧山，当时曾此狎云鬟。但看流水依然绿，要见桃花如此难。凡心自悔出天台，一见桃花一度回。若使仙人知此意，还教流水引郎来。高髻阿那长袖垂，玉钗仿佛拂罗衣。折得花枝向宝镜，比妾颜色谁光辉？早起春晴香雾肥，独依残月出墙围。洛滨仙子波心立，虢国夫人马上归。轻风吹雾散朱门，影落凭谁写素魂。万里晓天微有晕，终宵明月信无痕。

雪窗四望图

轴　乾隆五年六月（一七四〇）

41.5cm×32.5cm

款识：乾隆五年六月写，宁化黄慎。

钤印：黄昚（白）、恭寿（朱）

寒山峡雨图

册 纸本 墨笔

乾隆五年六月（一七四〇）

39.5cm×29.5cm

济南市博物馆藏

钤印：黄（朱）、慎（白）联珠印

广陵湖上图

册　纸本　设色

乾隆五年六月（一七四〇）

39.5cm×29.5cm

济南市博物馆藏

钤印：黄（朱）、慎（白）联珠印

登小姑山图

册 纸本 设色

乾隆五年六月（一七四〇）

39.5cm×29.5cm

济南市博物馆藏

钤印：黄（朱）、慎（白）联珠印

赣滩叠翠图

册　纸本　设色

乾隆五年六月（一七四〇）

39.5cm×29.5cm

济南市博物馆藏

钤印：黄（朱）、慎（白）联珠印

秋日蛟湖图

册　纸本　墨笔

乾隆五年六月（一七四〇）

39.5cm×29.5cm

济南市博物馆藏

钤印：黄（朱）、慎（白）联珠印

梅川翠洞图

册　纸本　墨笔

乾隆五年六月（一七四〇）

39.5cm×29.5cm

济南市博物馆藏

钤印：黄（朱）、慎（白）联珠印

舟发鄱阳图

册　纸本　设色

乾隆五年六月（一七四〇）

39.5cm×29.5cm

济南市博物馆藏

钤印：黄（朱）、慎（白）联珠印

过彭泽县图

册　纸本　设色

乾隆五年六月（一七四〇）

39.5cm×29.5cm

济南市博物馆藏

钤印：黄（朱）、慎（白）联珠印

望玉皇阁图

册 纸本 设色

乾隆五年六月（一七四〇）

39.5cm×29.5cm

济南市博物馆藏

钤印：黄（朱）、慎（白）联珠印

湖亭晓望图

册 纸本 设色

乾隆五年六月（一七四〇）

39.5cm×29.5cm

济南市博物馆藏

钤印：黄（朱）、慎（白）联珠印

闽峤雪梅图

册　纸本　设色

乾隆五年六月（一七四〇）

39.5cm×29.5cm

济南市博物馆藏

款识：乾隆五年六月写于勤江郡斋，宁化黄慎。

钤印：黄（朱）、慎（白）联珠印

九泷绛舟图

横幅　纸本　设色

乾隆七年秋（一七四二）

40cm×198cm

福建省拍卖行二〇〇二年秋拍会影印

款识：乾隆壬戌秋，写于嵩南草堂，瘿瓢老人。

钤印：黄慎

释文：九龙春涨篙师骄，万马奔腾驾海潮。日月篷光窥鼬鼠，风雷句险走山魈。人如天上坐来稳，鸟逐云边望去遥。千古狂澜谁可挽，那堪环渚日萧条。

柳溪行舟

册　绢本　设色

乾隆八年七月（一七四三）

36.9cm×28.4cm

南京博物院藏

钤印：黄慎（白）、恭寿（朱）

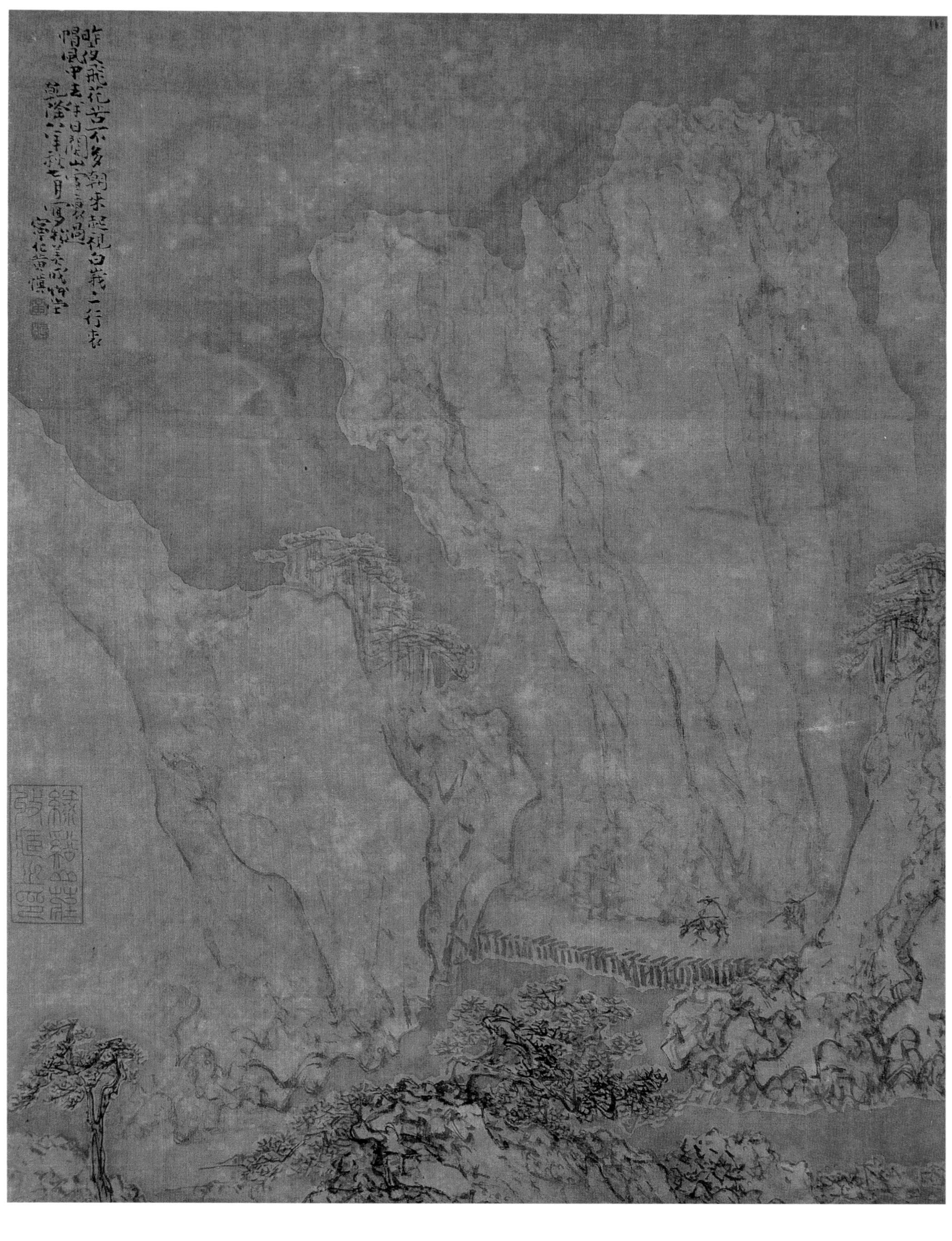

栈道行旅图

册 绢本 设色

乾隆八年七月（一七四三）

36.9cm×28.4cm

南京博物院藏

款识：乾隆八年秋七月写于美成草堂，宁化黄慎。

钤印：黄（朱）、慎（白）联珠印

释文：昨夜飞花苦不多，朝来起视白峨峨。一行裘帽风中去，半日关山雪里过。

九泷縴舟图

册　绢本　设色

乾隆八年七月（一七四三）

36.9cm×28.4cm

南京博物院藏

钤印：黄（朱）、慎（白）联珠印

风雨江城图

册　纸本　水墨　乾隆十二年五月（一七四七）

22.5cm×31.7cm

钤印：黄（白）、慎（白）联珠印

释文：来往空劳白下船，秦楼楚馆总堪怜。但余一卷新诗草，听雨江湖二十年。

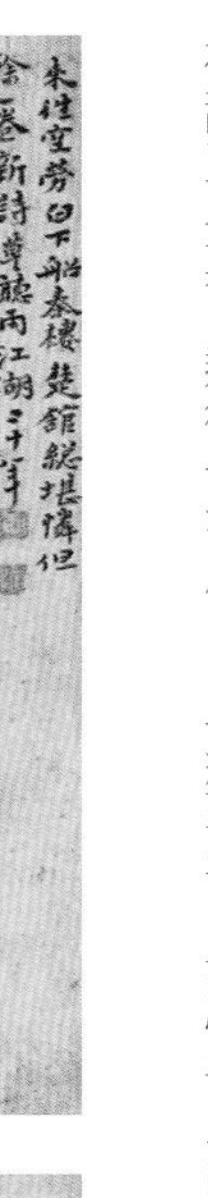

湓城临江图

册　纸本　水墨　乾隆十二年五月（一七四七）

22.5cm×31.7cm

钤印：黄（白）、慎（白）联珠印

释文：地经彭泽县，今尚忆陶公。水掠孤凫绿，山翻夕照红。祇辞五斗粟，剩得一江风。甲子犹书晋，高怀谁与同。

驴雪探梅图

册　纸本　水墨

乾隆十二年五月（一七四七）

22.5cm×31.7cm

钤印：黄（白）、慎（白）联珠印

释文：送君微雨雪花天，扬子江头鸭嘴船。归到宁阳如有问，疲驴破帽过年年。

春江古树图

册　纸本　水墨

乾隆十二年（一七四七）

22.5cm×31.7cm

钤印：黄（白）、慎（白）联珠印

释文：一卧沧波老钓徒，故人夜雨忆三吴。大江东去成天堑，处处春山叫鹧鸪。

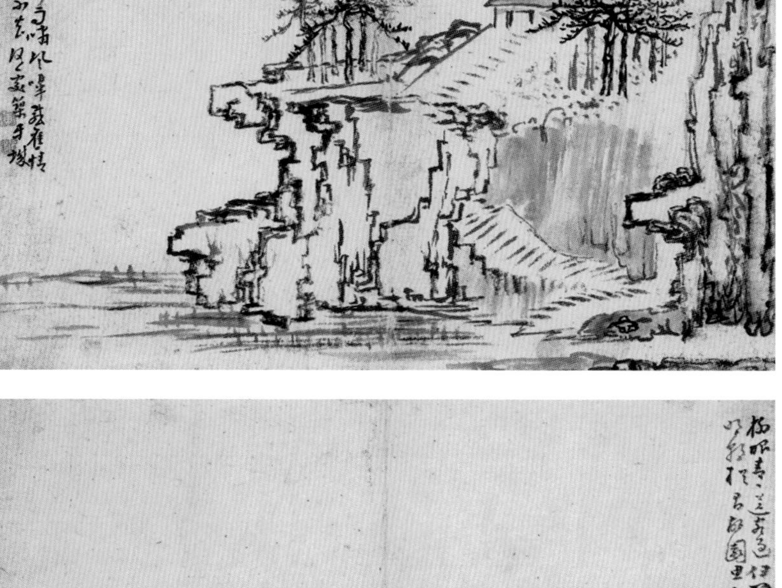

荒山野水图

册　纸本　水墨　乾隆十二年五月（一七四七）

22.5cm×31.7cm

钤印：黄（白）、慎（白）联珠印

释文：采茶深入鹿麋群，自剪荷衣渍绿云。寄我峰头三十六，消烦多谢武夷君。

高冈别馆图

册　纸本　水墨　乾隆十二年五月（一七四七）

22.5cm×31.7cm

钤印：黄（白）、慎（白）联珠印

释文：参军一赋识秦声，雨啸风嗥感旧情。为问宋家州郭棣，不知何处筑牙城？

郊原野渡图

册　纸本　水墨　乾隆十二年五月（一七四七）

22.5cm×31.7cm

钤印：黄（白）、慎（白）联珠印

释文：柳眼青青送客过，白门芳草意如何。明朝犹有故园思，燕子来时风雨多。

秋江钓舟图

册　纸本　水墨　乾隆十二年五月（一七四七）

22.5cm×31.7cm

钤印：黄（白）、慎（白）联珠印

释文：羡煞春江白发翁，独披蓑笠傲王公。生涯只在菰蒲里，和雨和风卷钓筒。

深山古刹

册　纸本　水墨

乾隆十二年五月（一七四七）

22.5cm×31.7cm

钤印：黄（白）、慎（白）联珠印

释文：隋苑迷楼起昔时，六朝陈迹海鸥知。画船载得雷塘雨，收拾湖山入小诗。

驴雪行旅图

册　纸本　水墨

乾隆十二年五月（一七四七）

22.5cm×31.7cm

款识：乾隆十二年五月写，黄慎。

钤印：黄（白）、慎（白）联珠印

释文：骑驴踏雪为诗探，送尽春风酒一瓻。独有梅花知我意，冷香犹可较江南。

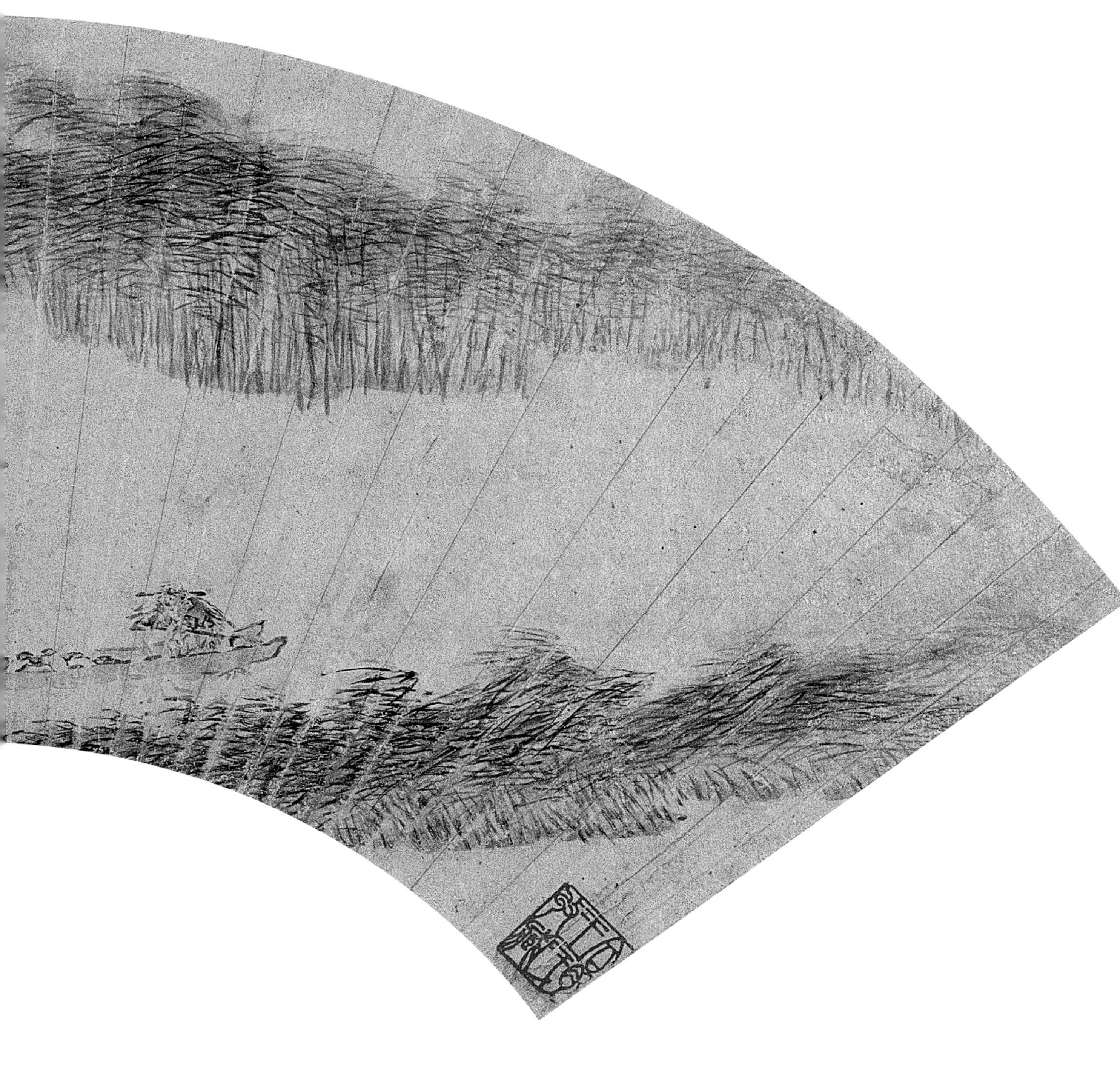

苇岸酒船图

折扇面　纸本　设色

乾隆十三年立春日（一七四八）

15.7cm×50cm

安徽省博物馆藏

款识：乾隆十三年立春日写于潭阳署斋，宁化黄慎。

钤印：黄（白）、慎（白）联珠印

释文：举世沉酣者，独醒有几人？不须勤击桨，贱卖石梁春。

秋溪别馆图

册　纸本　设色　庚午（一七五〇）

28.5cm×40.5cm

钤印：黄慎印（白）、恭寿（朱）

释文：投竿空羡任公鱼，鬓点吴盐过五湖。
今日归来深谷里，秋灯补读未完书。

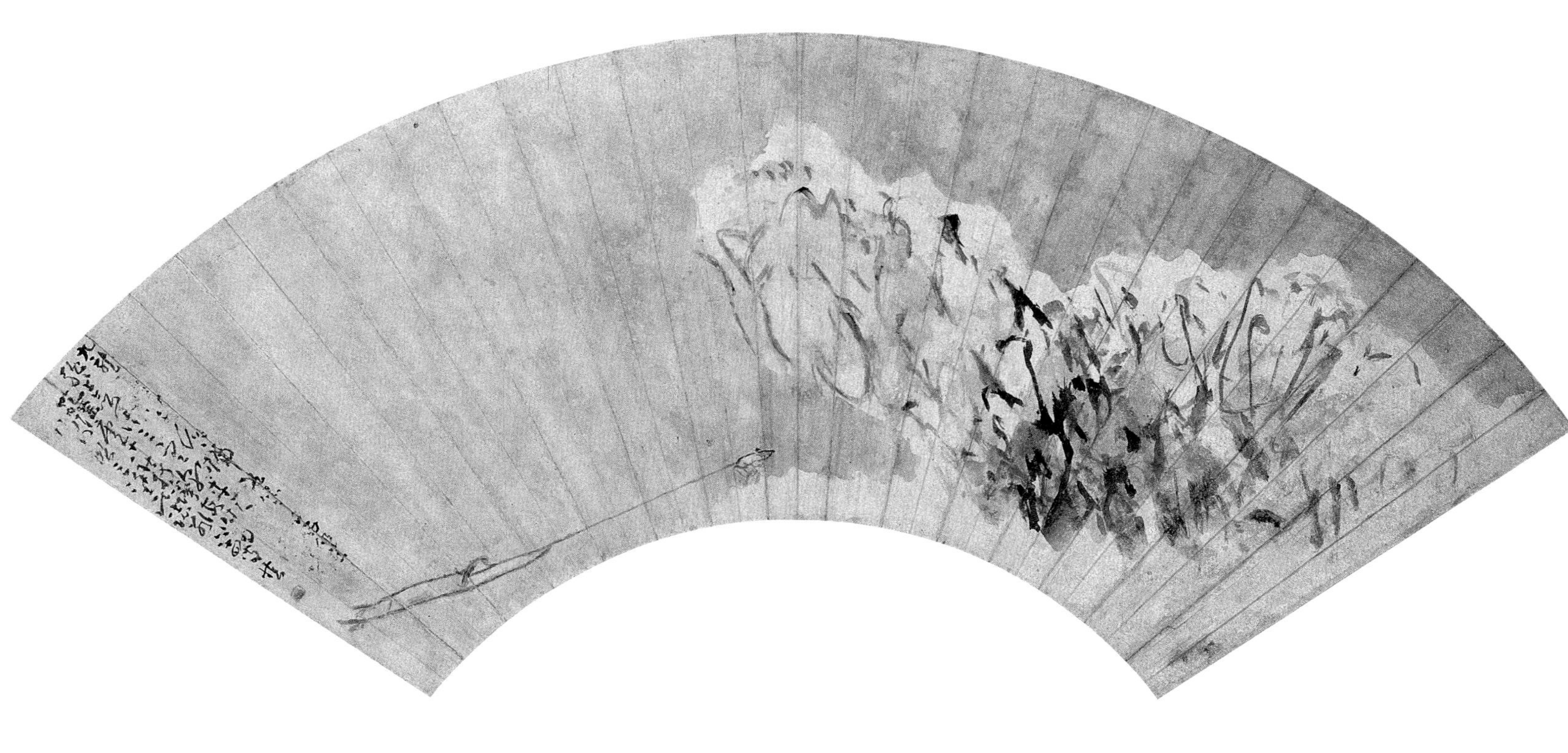

九泷绛舟图

折扇面　纸本　墨笔

乾隆十五年秋（一七五〇）

首都博物馆藏

款识：乾隆庚午秋将跨海时，为阿弟启三涂此志。

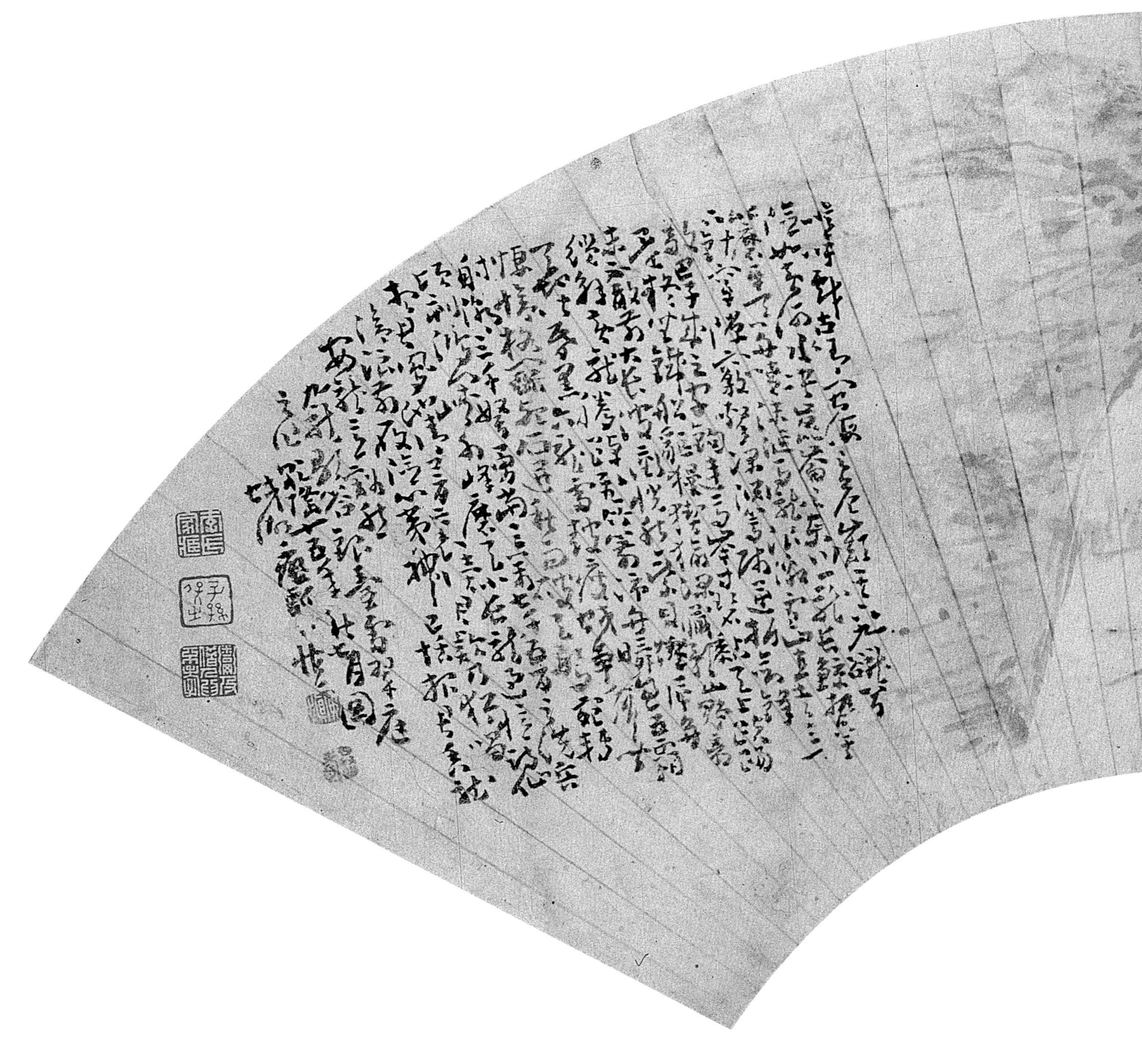

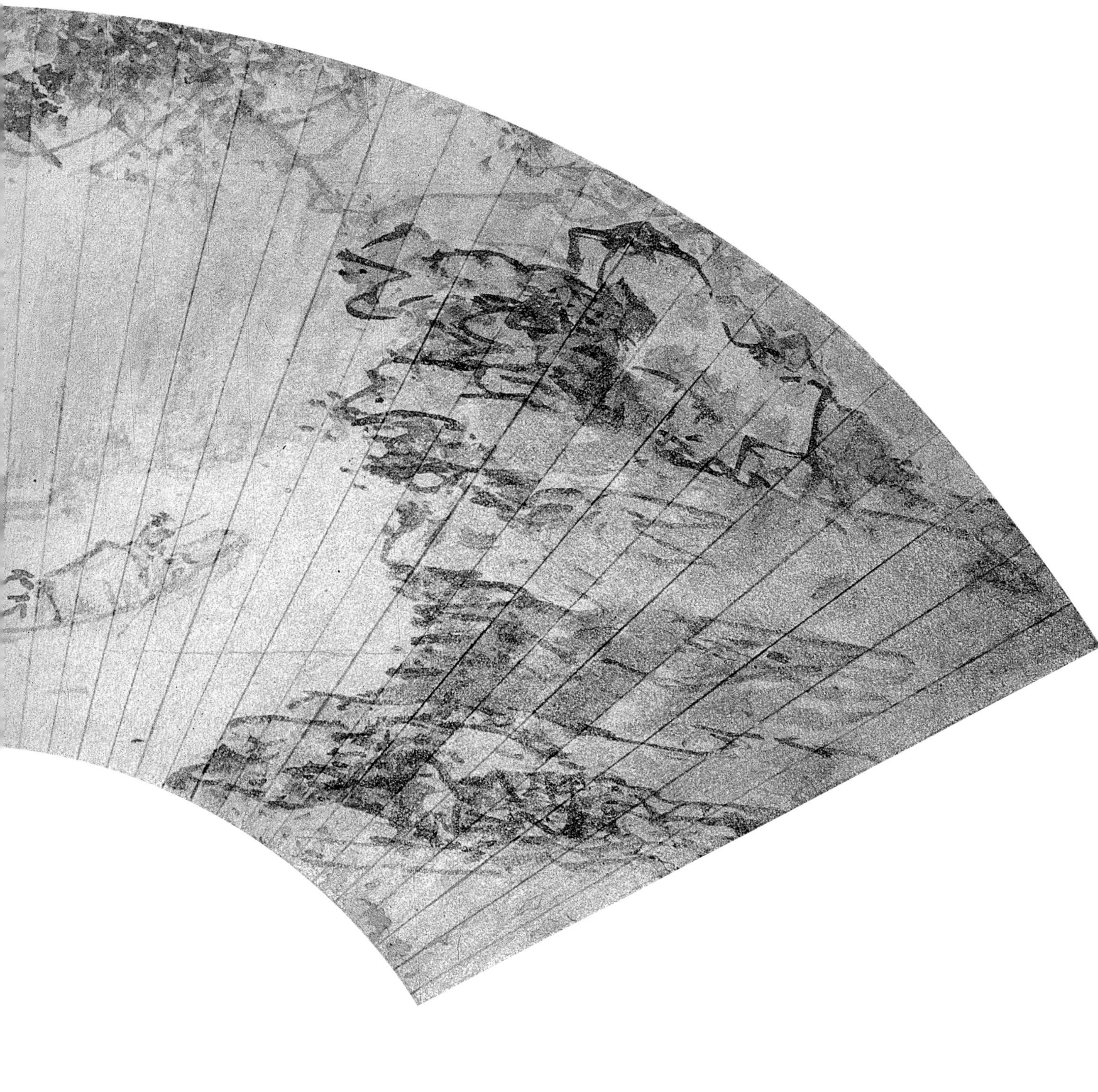

九泷绛舟图

折扇面 纸本 墨笔

乾隆十五年七月（一七五〇）

首都博物馆藏

款识：乾隆十五年秋七月图，蛟湖瘿瓢子慎。

钤印：黄慎（白）、恭寿（朱）

释文：噫吁戏！古有闽海之危巅。其下九泷兮，险如黄河水决昆仑之东川。一泷长鲸势莫比，磨牙吞舟喷沫涎。马泷浪击，雪山直走三门下，针穿隙窍击深渊。篙师逆折剑锋敌，巴子成之字钩连。高岑寸碧粘天上，跌踢还疑坐铁船。貙貗猰貐深藏影，山魈魑魅不敢前。大长波冲，恍然紫贝燃犀角，缆解黄龙腾踔飞。竹箭沛，舟瞬息，五霸天地皆昏黑。六泷雷鼓瘦蛟争，声闻悽怆格斗死，石迸秋雨破天惊。宛转射潮三千弩，勇当三万七千五百之洗兵。顷刻鸿门峡外峰磨天，小长泷过忆诗仙。想君凤池清梦里，读君欸乃犹唱沧浪前。履险心夷神已恬，报君香泷安泷意豁然。

《九泷歌》答银台雷翠庭之作。

万安桥图

折扇面　纸本　设色

乾隆十五年秋（一七五〇）

17.6cm×53.5cm

镇江博物馆藏

款识：宁化黄慎画并写

钤印：黄（白）、慎（白）联珠印

释文：几年存想洛阳桥，千里闽天驿路遥。今日打从桥上过，一泓海水正漂潮。百丈飞虹跨海长，凌空疑是赤城梁。寒潮洗出嶙嶙石，尽与鲛人摘蛎房。垒址深渊事亦奇，流传「醋」字语支离。不知皇祐工程大，来读莆阳太守碑。一道中分晋惠疆，凭栏万顷正茫茫。五湖宝带曾经过，那得蜿蜒此许长。《万安桥道中口号》鉴塘氏稿。

说明：一、万安桥位于福建东南晋江二十余里处，因跨洛阳江，故又名洛阳桥。宋仁宗皇祐五年至嘉祐四年建成（一〇五三—一〇五九），由泉州太守蔡襄（福建仙游人，北宋大书法家）主持修建。石桥长三百六十丈，宽一丈五尺，是当时福建最大的桥梁工程，至今尚存。二、鉴塘，即许齐卓，安徽合肥人。清乾隆八年、九年任宁化知县，与黄慎交好，曾为黄慎撰写《瘿瓢山人小传》，黄慎亦题诗、作画回赠许齐卓。

雪骑探梅图

通景四条屏　绢本　设色　乾隆十六年十月（一七五一）

127cm×41cm×4

广西壮族自治区博物馆藏

款识：乾隆十六年小春月写，宁化瘿瓢子慎。

钤印：黄慎（朱）、恭寿（白）

释文：岁晚何人肯卜邻，梅于我辈最情亲。南山尽是经行处，一雪不知多少春。先后花随人意思，横斜枝写月精神。寒香嚼得成诗句，落纸云烟行草真。

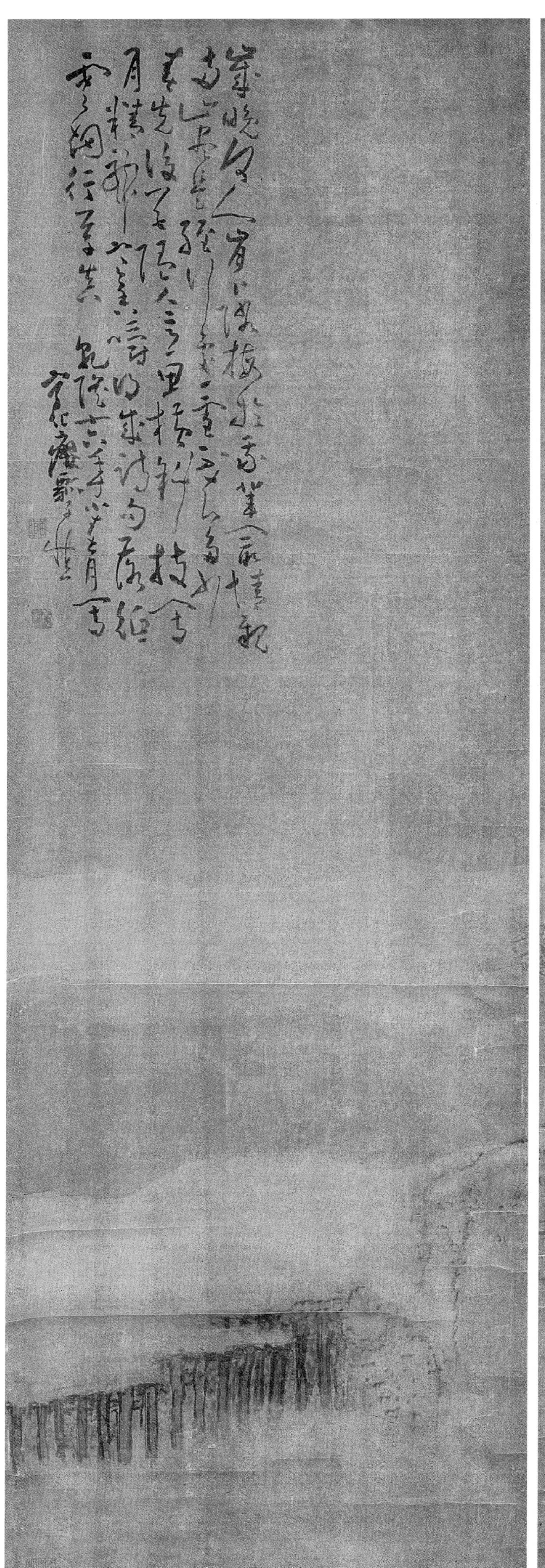
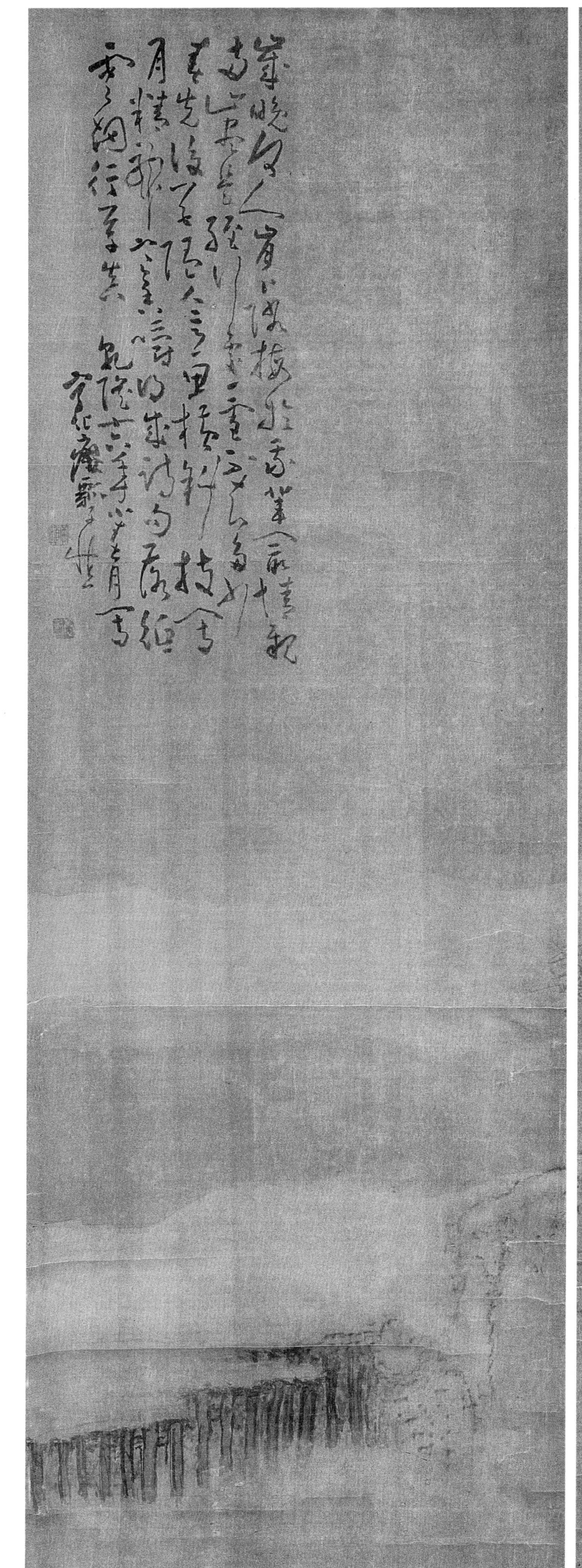
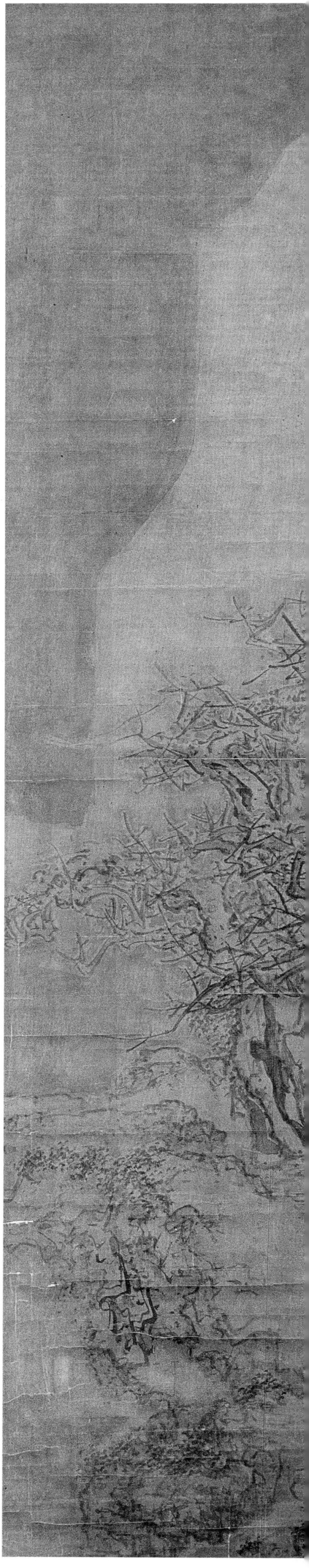

溪馆候客图

大轴　纸本　水墨　乾隆十六年八月（一七五一）

183cm×101cm

款识：乾隆十六年秋八月，写于邗上双松堂，宁化瘿瓢子慎。

钤印：恭寿（白）、黄慎（朱）

驴雪探梅图

大轴　纸本　水墨设色　乾隆二十年八月初一（一七五五）

194.5cm×106cm

北京翰海公司二〇〇二年春拍会影印

款识：乾隆廿年八月朔日写，宁化瘿瓢子慎。

钤印：黄慎（白）、瘿瓢山人（白）、东海布衣（白）

释文：骑驴踏雪为诗探，送尽春风酒一瓻。独有梅花知我意，冷香犹可较江南。

驴雪探梅图

横幅　纸本　水墨

乾隆二十年三月（一七五五）

100cm×156.9cm

福州集古斋藏

款识：乾隆乙亥春三月，宁化瘿瓢子慎写。

钤印：黄慎（朱）、瘿瓢（白）

释文：骑驴踏雪为诗探，送尽春风酒一甔。独有梅花知我意，冷香犹可较江南。

驴雪探梅图

大轴　纸本　设色　乾隆二十一年（一七五六）

194.5cm×106cm

翰海公司二〇〇二年春拍会影印

款识：时乾隆丙子春呼旧酯浇逸兴，作此。七十老人瘿瓢。

钤印：黄慎（白）、瘿瓢（白）

释文：骑驴踏雪为诗探，送尽春风酒一甔。独有梅花知我意，冷香犹可较江南。

九泷缔舟图

轴　纸本　水墨设色　乾隆二十三年（一七五八）

168cm×92cm

款识：七二老人瘿瓢子

钤印：黄慎（白）、瘿瓢（白）

释文：九泷水涨榜人骄，万马奔腾驾海潮。日月光逢飞鼬鼠，风雷声疾走山魈。人如天上坐来稳，鸟逐云边望去遥。千古狂澜谁可挽，过来舟楫尚魂消。

蛟湖读书图

大轴　纸本　设色　乾隆二十六年（一七六一）

242.4cm×113.2cm

上海博物馆藏

款识：乾隆辛巳，作于舒啸斋，蛟湖瘿瓢子写。

钤印：黄慎（白）、瘿瓢（白）

释文：蛟湖山下读书人，孙楚楼中醉脱巾。莺语漫窥青草路，马蹄踏破白门春。六朝风雨松楸夜，上巳阴晴祓禊辰。记得年年江汉客，归心无那指汀蘋。

江墅访友图

轴　纸本　设色

乾隆二十七年三月（一七六二）

95.5cm×60.3cm

中国嘉德公司二〇〇八年秋拍会影印

款识：乾隆壬午春三月写，瘿瓢。

钤印：黄慎（白）、瘿瓢（白）

释文：春风又到草堂东，久客淹留事事慵。自是清言王武子，人称有道郭林宗。曲调濮水萦登荐，酒爱糟邱积曲封。且喜烟波仍故我，异乡花月意从容。

驴雪探梅图

轴　纸本　设色　乾隆二十七年七月（一七六二）

170.7cm×91cm

广东省博物馆藏

款识：乾隆壬午秋七月，瘿瓢子写。

钤印：黄慎（朱）、瘿瓢（白）

释文：骑驴踏雪为诗探，送尽春风酒一甑。独有梅花知我意，冷香犹可较江南。

驴雪探梅图

轴　纸本　设色　乾隆二十七年九月（一七六二）

158cm×89cm

中央美术学院附属中等美术学校藏

款识：乾隆壬午秋九月，写于滋兰堂，七六叟瘿瓢。

钤印：黄慎（朱）、恭寿（白）

释文：骑驴踏雪为诗探，送尽春风酒一甔。独有梅花知我意，冷香犹可较江南。

踏雪寻梅图

大轴　纸本　设色　乾隆二十八年（一七六三）

192cm×112cm

荣宝斋藏

款识：七十七叟瘿瓢

钤印：黄慎（朱）、瘿瓢（白）

释文：骑驴踏雪为诗探，送尽春风酒一甔。独有梅花知我意，冷香犹可较江南。

松门石镜图

册　纸本　水墨

乾隆二十八年（一七六三）

24.5cm×31.5cm

释文：松门开石镜，曾照几人过。山爱芙蓉面，驹怜白玉珂。一肩担雨雪，半世老风波。何日能归去，结茅衣薜萝。

钤印：黄（白）、慎（朱）联珠印

亭树惊风图

轴　纸本　水墨　乾隆三十二年（一七六七）

100cm×61cm

钤印：黄慎（朱）、瘿瓢（白）

释文：惊风叶落满亭边，八十一叟瘿瓢。

石城秋色图

条屏　纸本　设色　年代不详

123.5cm×45cm

首都博物馆藏

款识：黄慎写

钤印：黄慎（朱）、瘿瓢（白）

释文：砧捣一声霜露下，可怜都作石城秋。

桃花源图

卷　纸本　设色

乾隆二十九年冬月（一七六四）

38cm×394cm

安徽省博物馆藏

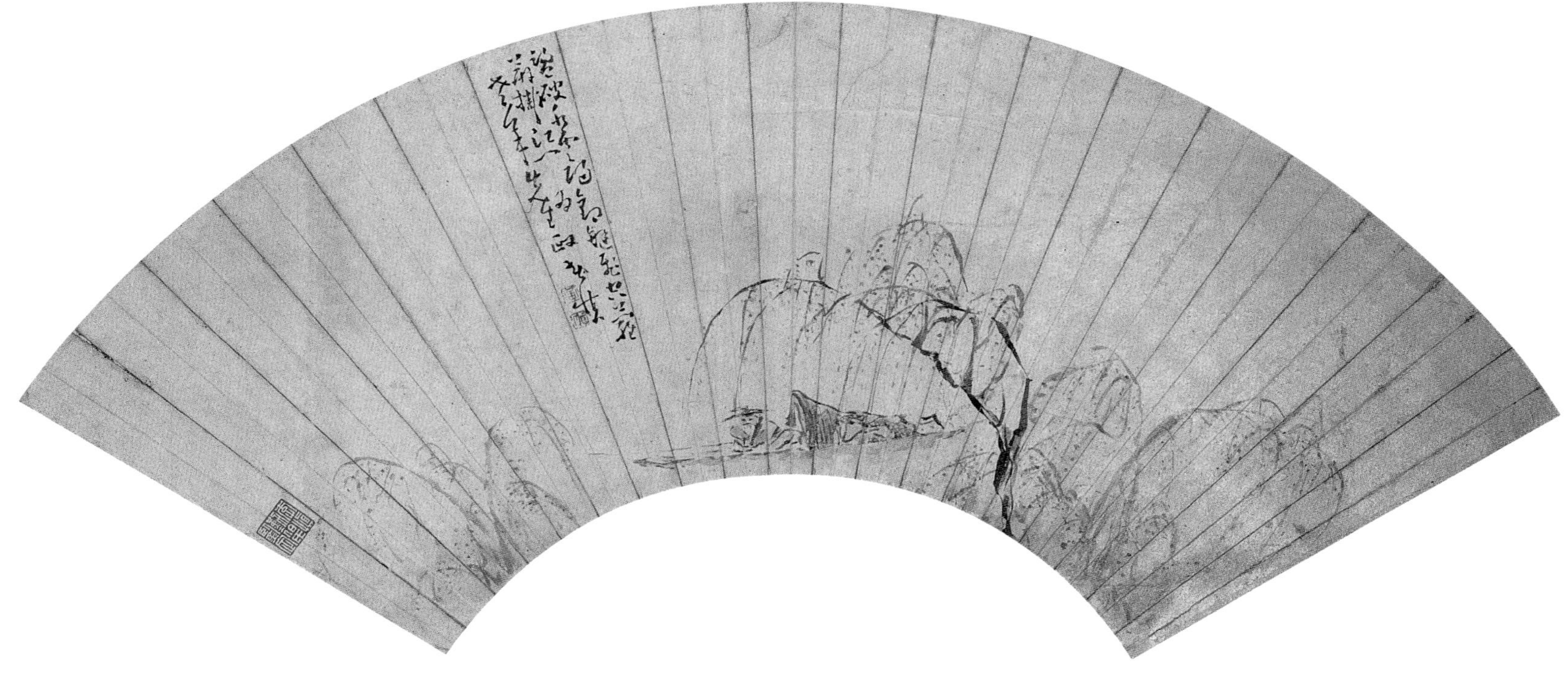

柳溪泊钓图

折扇面　纸本　设色　年代不详

首都博物馆藏

款识：为老年先生政，黄慎。

钤印：黄（朱）、慎（朱）联珠印

释文：荡破水云归钓艇，飞空萝薜挂江门。

春江行舟图

折扇面　纸本　墨笔　年代不详

首都博物馆藏

款识：似斯老二弟粲，瘿瓢子慎。

钤印：黄（朱）、慎（朱）联珠印

释文：夜雨寒潮忆敝庐，人生只合老樵渔。五湖收拾看花眼，归去青山好著书。

雪郊探梅图

轴　纸本　设色　年代不详

109cm×58cm

天津市历史博物馆藏

款识：瘿瓢

释文：冷冷雪风趁小春，短筇扶我到江滨。一枝照水凌霜鬓，送却梅花笑老人。

柳岸泊舟图

条屏　纸本　设色　年代不详

203cm×59cm

天津市艺术博物馆藏

款识：慎

钤印：黄慎（白）、瘿瓢（朱）

释文：篮内河鱼换酒钱，芦花被里醉孤眠。每逢风雨不归去，红蓼滩头泊钓船。

携琴访友图

轴　纸本　设色　年代不详

168cm×88.5cm

上海博物馆藏

款识：瘿瓢子黄慎

钤印：黄慎（朱）、恭寿（白）

湖亭秋兴图

大轴　纸本　设色　年代不详

181cm×102cm

南京博物院藏

款识：瘿飘子慎

钤印：黄慎（白）、瘿瓢（白）

释文：寒衣欲寄厚装棉，节近重阳又一年。怕上湖亭萧瑟甚，漫天风雨卸秋莲。

江干泊舟图

册　纸本　墨笔　年代不详

23.7cm×34.7cm

上海博物馆藏

钤印：黄（朱）、慎（白）联珠印

释文：来往空劳白下船，秦楼楚馆总堪怜。但馀一卷新诗草，听雨江湖二十年。

溪亭秋树图

册 纸本 墨笔 年代不详

23.7cm×34.7cm

上海博物馆藏

钤印：黄（朱）、慎（白）联珠印

释文：秦淮日夜大江流，何处魂销燕子楼。砧捣一声霜露下，可怜都作石城秋。

夜雨寒潮图

大轴　纸本　墨笔　年代不详

183cm×96.3cm

扬州博物馆藏

款识：宁化瘿瓢子写

钤印：黄（白）、慎（白）联珠印

释文：夜雨寒潮忆敝庐，人生只合老樵渔。五湖收拾看花眼，归去青山好著书。

山谷听琴图

轴　纸本　设色　年代不详

163cm×82cm

南京博物院藏

款识：瘿瓢子

钤印：黄慎（朱）、瘿瓢（白）

释文：流水白云西复东，高歌一曲远生风。相携自是知音客，故写闲心三尺桐。

山溪行舟图

册　纸本　墨笔　年代不详

22.5cm×34.5cm

扬州博物馆藏

钤印：黄（白）、慎（白）联珠印

释文：夜雨寒潮忆敝庐，人生只合老樵渔。五湖收拾看花眼，归去青山好著书。

踏雪寻梅图

折扇面　纸本　设色　年代不详

17.5cm×49.5cm

镇江博物馆藏

款识：宁化瘿瓢子慎

钤印：黄（白）、慎（白）联珠印

释文：骑驴踏雪为诗探，送尽春风酒一甑。独有梅花知我意，冷香犹可较江南。

柳溪泛舟图

扇面　纸本　设色　年代不详

19.3cm×50.5cm

安徽省博物馆藏

款识：写似其老长兄粲，瘿瓢黄慎。

钤印：黄（白）、慎（白）联珠印

释文：一卧沧波老钓徒，故人夜雨忆三吴。大江东去成天堑，处处春山叫鹧鸪。

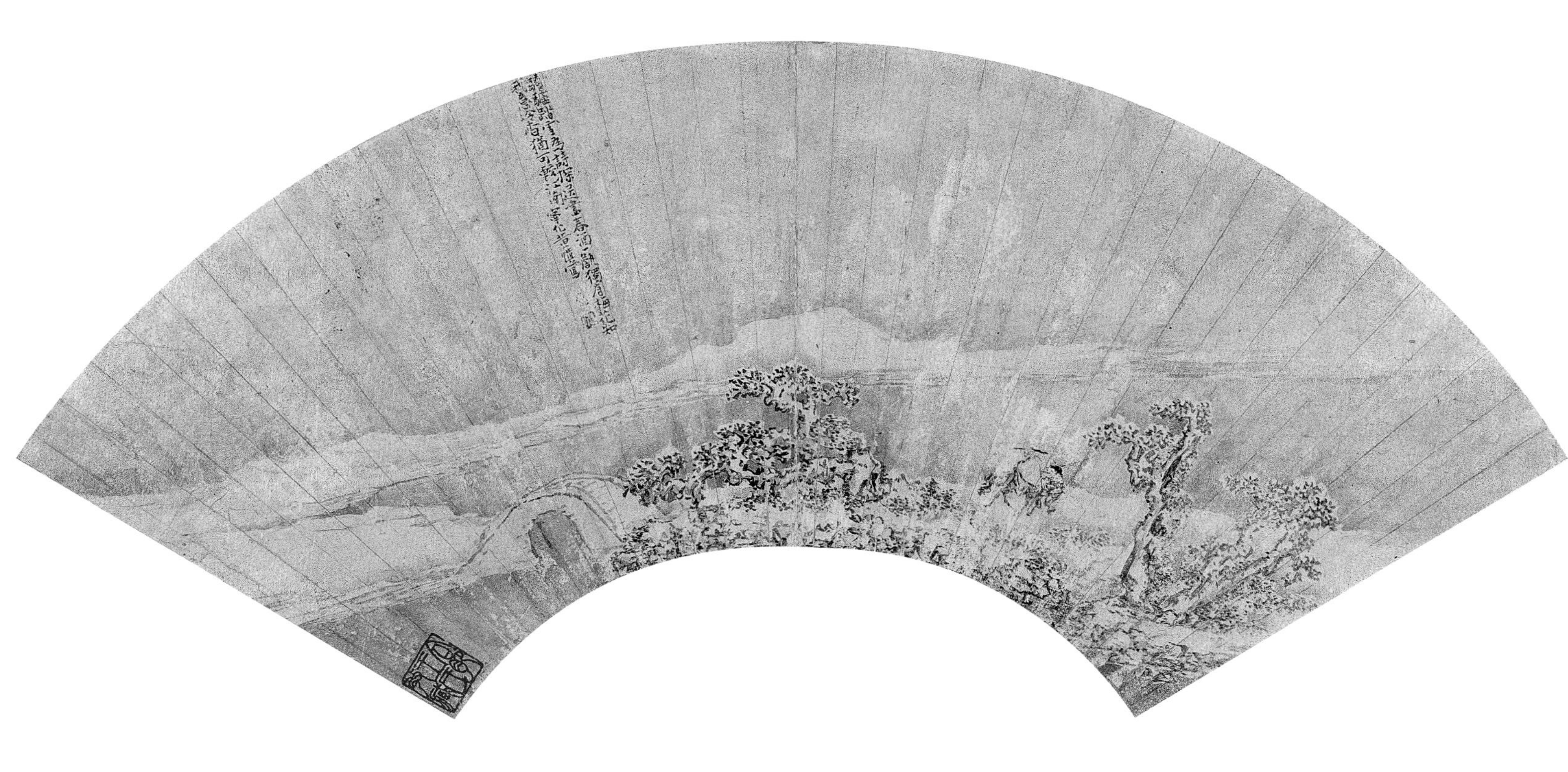

驴雪探梅图

折扇面　纸本　设色　年代不详

17.5cm×52.5cm

安徽省博物馆藏

款识：宁化黄慎写

钤印：黄（白）、慎（白）联珠印

释文：骑驴踏雪为诗探，送尽春风酒一甔。独有梅花知我意，冷香犹可较江南。

燕子楼图

条幅　纸本　墨笔　年代不详

100.3cm×47.8cm

浙江省博物馆藏

款识：瘿瓢子写

钤印：黄慎（白）、瘿瓢（白）

释文：秦淮日夜大江流，何处魂消燕子楼。砧捣一声霜露下，可怜都作石城秋。

松门石镜图

横幅 纸本 设色 年代不详

87.2cm×110.9cm

武汉市文物商店藏

款识：瘿瓢子写

钤印：黄（朱）、瘿瓢（白）

释文：松门开石镜，曾照几人过。山爱芙蓉面，驹怜白玉珂。一肩担雨雪，半世老风波。何日能归去，结茅衣薜萝。

豆棚纳凉图

轴　纸本　设色　年代不详

四川省博物馆藏

款识： 瘿瓢

钤印： 黄慎（白）、瘿瓢（朱）

释文： 秦淮日夜大江流，何处魂消燕子楼。砧捣一声霜露下，可怜都作石城秋。

听泉看山图

轴 纸本 设色 年代不详

云南省博物馆藏

款识：黄慎

钤印：黄慎（白）、瘿瓢（白）

释文：芳草青青送客过，白门山色近如何？明朝犹有故园思，燕子来时风雨多。

山阁江帆图

册　纸本　设色　年代不详

云南省博物馆藏

钤印：黄（白）、慎（白）联珠印

释文：峰回五老气苍苍，谁吊当年古战场？欲买一尊江上奠，孤帆隐隐趁斜阳。

柳岸泊钓图

册　纸本　设色　年代不详

云南省博物馆藏

钤印：黄（白）、慎（白）联珠印

释文：篮内河鱼换酒钱，芦花被里醉孤眠。每逢风雨不归去，红蓼滩头泊钓船。

棹舟买醉图

册 纸本 墨笔 年代不详

云南省博物馆藏

钤印：黄（白）、慎（白）联珠印

释文：一卧苍（沧）波老钓徒，故人夜雨忆三吴。大江东去成天堑，处处春山叫鹧鸪。

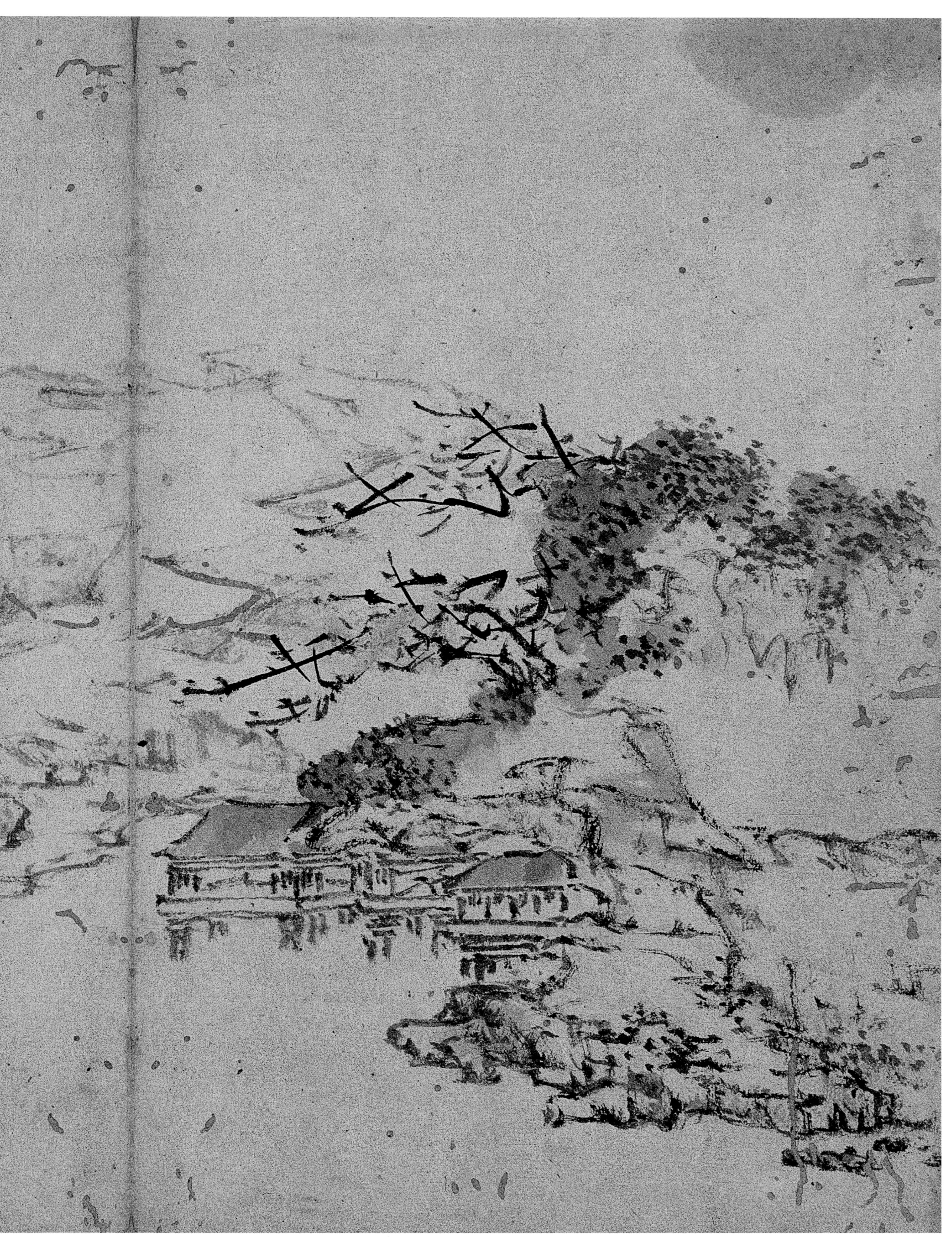

坐看晴山图

册　纸本　墨笔　年代不详

云南省博物馆藏

钤印：黄（白）、慎（白）联珠印

释文：马上尘飞厚老颜，故乡空负掩柴关。春花烂漫不归去，日日晴和好看山。

行舟垂钓图

册　纸本　设色　年代不详

云南省博物馆藏

钤印：黄（白）、慎（白）联珠印

释文：故人今夕月无边，安得洪崖共拍肩。临水小桃春浪暖，真州江口夜行船。

山庄访友图

册　纸本　设色　年代不详

云南省博物馆藏

钤印：黄（白）、慎（白）联珠印

释文：怀君抱癖恶新衣，入夜荧荧见少微。如此春光三四月，竹鸡声里菜花飞。

夜雨归渔图

轴　纸本　墨笔　年代不详

165.9cm×89cm

广东省博物馆藏

款识：瘿瓢子写

钤印：黄慎（白）、瘿瓢（白）

释文：夜雨寒潮忆敝庐，人生只合老樵渔。五湖收拾看花眼，归去青山好著书。

云壑松泉图

轴　绢本　设色　年代不详

174.5cm×50.5cm

广东省博物馆藏

钤印：黄慎（朱）、瘿瓢（白）

释文：仙官欲住九龙潭，毛节朱幡倚石龛。山压天中半天上，洞穿江底出江南。瀑布杉松常带雨，夕阳彩翠忽成岚。借问近来双白鹤，已曾衡岳送虞眈？

（系盛唐大诗人王维诗《送方尊师归嵩山》）

柳岸泊钓图

轴　纸本　设色　年代不详

136.9cm×63.7cm

广东省博物馆藏

款识：瘿瓢子写

钤印：黄慎（朱）、瘿瓢（白）、压角章东海布衣（白）

释文：一卧沧波老钓徒，故人夜雨忆三吴。大江东去成天堑，处处春山叫鹧鸪。

春江垂钓图

轴　纸本　设色　年代不详

136.9cm×63.7cm

广东省博物馆藏

款识：瘿瓢

钤印：黄慎（朱）、瘿瓢（白）

释文：篮内河鱼换酒钱，芦花被里醉孤眠。每逢风雨不归去，红蓼滩头泊钓船。

篷窗看山图

条屏 绢本 设色 年代不详

153.5cm×49cm

广州美术馆藏

钤印：黄慎（朱）、瘿瓢（白）

释文：浩渺烟波任往还，中流放棹白鸥闲。呼童煮茗寻秫酒，醉卧篷窗看远山。

湖亭共话图

轴　纸本　设色　年代不详

161cm×75cm

广州美术馆藏

款识：黄慎

钤印：黄慎（白）、瘿瓢（朱）

释文：寒衣欲寄厚装棉，节近重阳又一年。怕上湖亭萧瑟甚，漫天风雨卸秋莲。

驴雪探梅图

大轴　纸本　设色　年代不详

189cm×115cm

广州美术馆藏

款识：瘿瓢

钤印：黄慎（朱）、瘿瓢（白）

释文：骑驴踏雪为诗探，送尽春风酒一甔。独有梅花知我意，冷香犹可较江南。

柳溪春泛图

轴　纸本　设色　年代不详

167cm×75cm

广州美术馆藏

款识： 黄慎

钤印： 黄慎（白）、瘿瓢（朱）

释文： 一卧沧波老钓徒，故人夜雨忆三吴。大江东去成天堑，处处春山叫鹧鸪。

溪山行旅图

横轴　纸本　墨笔　年代不详

135cm×170cm

福建省宁化县博物馆藏

说明：此图原藏宁化画家伊天一（镜秋）家。「文革」初破四旧时，因惧怕惹祸，又不忍毁弃，便剜掉图左上角黄慎的题款文字，上下用牛皮纸夹护，置于蚊帐顶上，侥幸保存下来。「文革」结束，其家人便将此图捐售给宁化县博物馆。

雪天赏梅鹤图

轴　纸本　水墨设色　年代不详

98cm×48cm

款识：瘿瓢子慎

钤印：黄慎印

释文：冷淡雪风趁小春，短笻扶我到江滨。一枝照水凌霜鬓，送却梅花笑老人。

山亭听涛图

轴　纸本　水墨设色　年代不详

145cm×75cm

福建省拍卖行二〇〇二年秋拍会影印

款识：瘿瓢

钤印：黄慎（朱）、瘿瓢（白）

释文：为爱松涛坐草亭，浪痕沙净见江汀。故人过我闲幽讨，手拓焦山《瘗鹤铭》。

听涛观瀑图

轴　纸本　水墨设色　年代不详

130.5cm×41cm

款识：黄慎

钤印：黄慎（朱）、瘿瓢（白）

释文：泉飞开绝壁，珠落散晴沙。凿石种桃树，穿云摘岕茶。龙归山挟雨，鹿出径衔花。十二峰罗列，仙人第一家。

松林论道图

轴　纸本　水墨设色　年代不详

135cm×63cm

款识：黄慎

释文：偶□□霭护禅林，萧瑟荷衣水气侵。百亩野梅留鹤迹，十寻古木覆茏葱。

溪山幽居图

轴　纸本　水墨设色　年代不详

175cm × 89cm

款识：瘿瓢子慎写

钤印：黄慎（白）

柳岸渔话图

轴　纸本　水墨设色　年代不详

168.6cm×90.2cm

蓝光博物馆收藏

翰海公司二〇〇六年春拍会影印

款识：瘿瓢

钤印：黄慎（白）、瘿瓢（白）

释文：一卧沧波老钓徒，故人夜雨忆三吴。大江东去成天堑，处处春山叫鹧鸪。

柳滩泊钓图

横幅　纸本　水墨设色　年代不详

76cm×120cm

款识：瘿瓢

释文：篮内河鱼换酒钱，芦花被里醉孤眠。每逢风雨不归去，红蓼滩头泊钓船。

雨夜归人图

横幅　纸本　水墨　年代不详

88cm×109cm

款识：瘿瓢

钤印：黄慎（白）、瘿瓢（白）

释文：夜雨潮痕忆敝庐，人生只合老樵渔。五湖收拾看花眼，归去青山好著书。

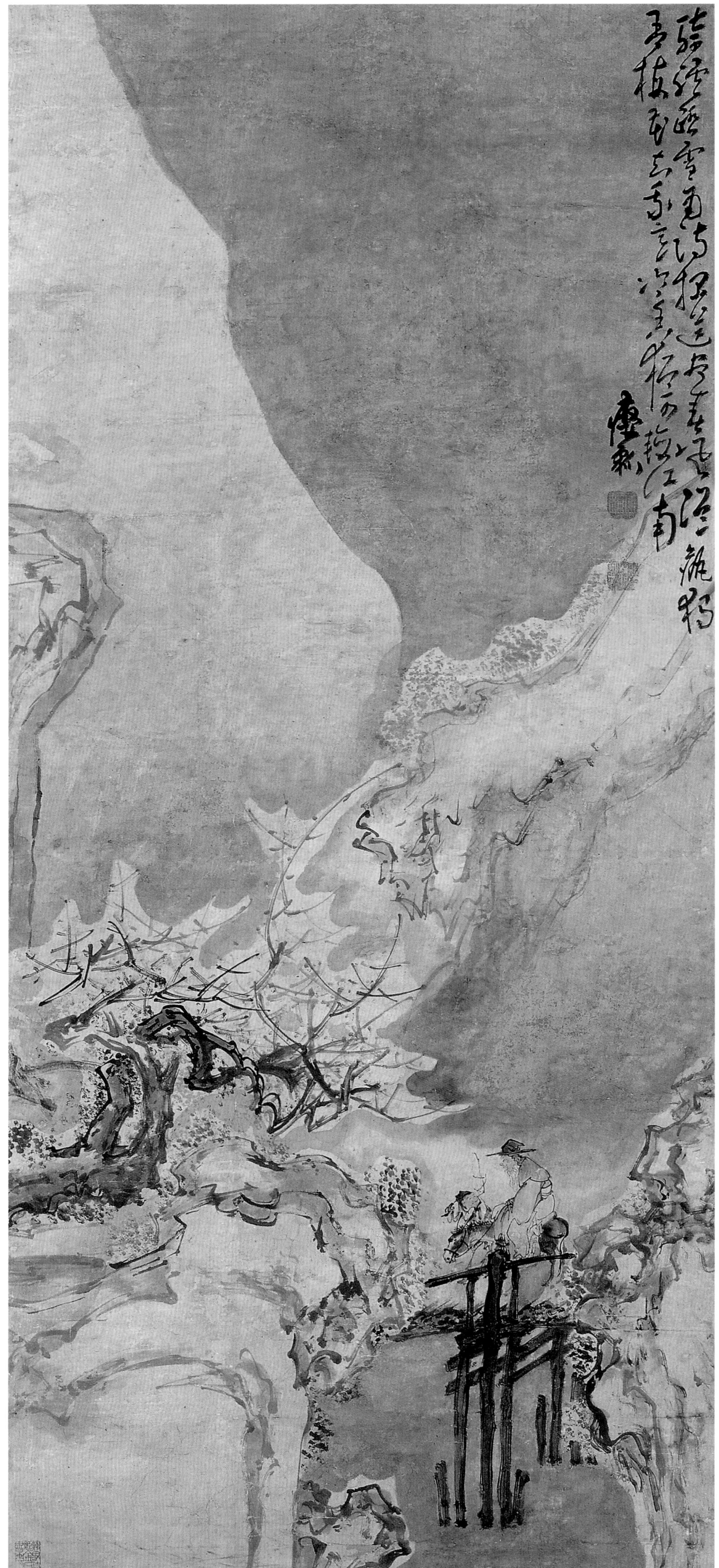

驴雪探梅图

轴　纸本　水墨设色　年代不详

157cm×68.5cm

款识：瘿瓢

钤印：黄慎（白）、瘿瓢（白）

释文：骑驴踏雪为诗探，送尽春风酒一瓻。独有梅花知我意，冷香犹可较江南。

驴雪探梅图

轴 纸本 水墨 年代不详

130cm×63cm

款识：瘿瓢子黄慎

钤印：黄慎（白）、瘿瓢（白）

释文：骑驴踏雪为诗探，送尽春风酒一瓻。独有梅花知我意，冷香犹可较江南。

雨夜归渔图

大轴　纸本　水墨　年代不详

235cm×102cm

款识：黄慎

钤印：黄慎、瘿瓢

释文：夜雨寒潮忆敝庐，人生只合老樵渔。五湖收拾看花眼，归去青山好著书。

壁立千仞图

小帧　纸本　设色　约雍正年间

53cm×26cm

款识：闽中黄慎写

钤印：躬（朱）、懋（白）

山亭坐憩图

大轴 纸本 水墨 年代不详

235.5cm×102cm

款识：瘿瓢子慎

钤印：黄慎（白）、瘿瓢（朱）

释文：采茶深入鹿麋群，自剪荷衣渍绿云。寄我峰头三十六，消烦多谢武夷君。

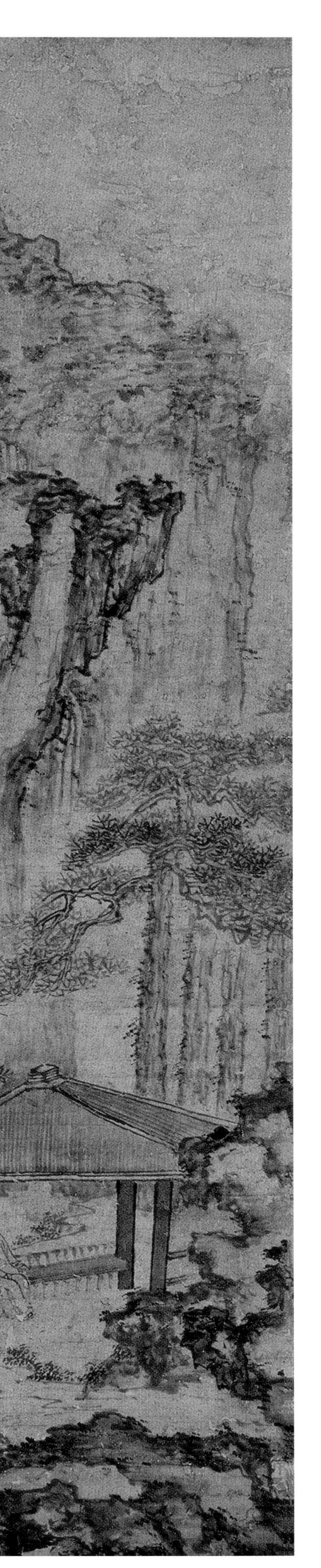

山亭观景图

轴　纸本　水墨设色　年代不详

169cm×87cm

款识：黄慎

钤印：黄慎（白）、瘿瓢（白）

释文：采茶深入鹿麋群，自剪荷衣渍绿云。寄我峰头三十六，消烦多谢武夷君。

驴雪探梅图

大轴　纸本　水墨设色　年代不详

188.5cm×107.5cm

款识：宁化瘿瓢

钤印：黄慎（白）、瘿瓢（白）、东海布衣（白）

释文：骑驴踏雪为诗探，送尽春风酒一甔。独有梅花知我意，冷香犹可较江南。

溪馆夜雨图

立轴　纸本　水墨设色　年代不详

156.5cm×85cm

款识：瘿瓢

钤印：黄慎（白）、瘿瓢（白）

释文：夜雨寒潮忆敝庐，人生只合老渔樵。五湖收拾看花眼，归去青山好著书。

柳岸泊钓图

轴　纸本　水墨设色　年代不详

164.5cm×85cm

翰海公司一九九八年秋拍会影印

款识：瘿瓢

钤印：黄慎（朱）、瘿瓢（白）

释文：一卧沧波老钓徒，故人夜雨忆三吴。大江东去成天堑，处处春山叫鹧鸪。

採茶坐憩图

轴　纸本　水墨设色　年代不详

131cm×59.7cm

款识：黄慎

钤印：黄慎（朱）、瘿瓢（白）

释文：采茶深入鹿麋群，自剪荷衣渍绿云。寄我峰头三十六，消烦多谢武夷君。

策杖访山友图

轴　纸本　水墨设色　年代不详

139.5cm×71cm

款识：宁化瘿瓢子写

钤印：黄慎（白）、恭寿（白）、嵩南旧草堂（白）

释文：为讯扬州旧酒徒，可怜零落一狂夫。诗坛赤帜谁堪主？画舫吴丝兴未红。花送竹西催暮雨，峰青江上数平芜。文章自昔推双凤，价重连城照乘珠。

舣舟送酒图

大轴　纸本　水墨设色　年代不详

172.5cm×94.5cm

款识：瘿瓢写

钤印：黄慎（白）、瘿瓢（白）

释文：秦淮日夜大江流，何处魂消燕子楼。砧捣一声霜露下，可怜都作石城秋。

溪馆读书图

册　纸本　墨笔　年代不详

26.5cm×28.5cm

钤印：恭（白）、寿（朱）联珠印

释文：夜雨寒潮忆敝庐，人生只合老樵渔。
五湖收拾看花眼，归去青山好著书。

柳岸泊钓图

轴　纸本　水墨设色　年代不详

118cm×48.5cm

款识：瘿瓢

钤印：黄慎（朱）、瘿瓢（白）

释文：一卧沧波老钓徒，故人夜雨忆三吴。大江东去成天堑，处处青山叫鹧鸪。

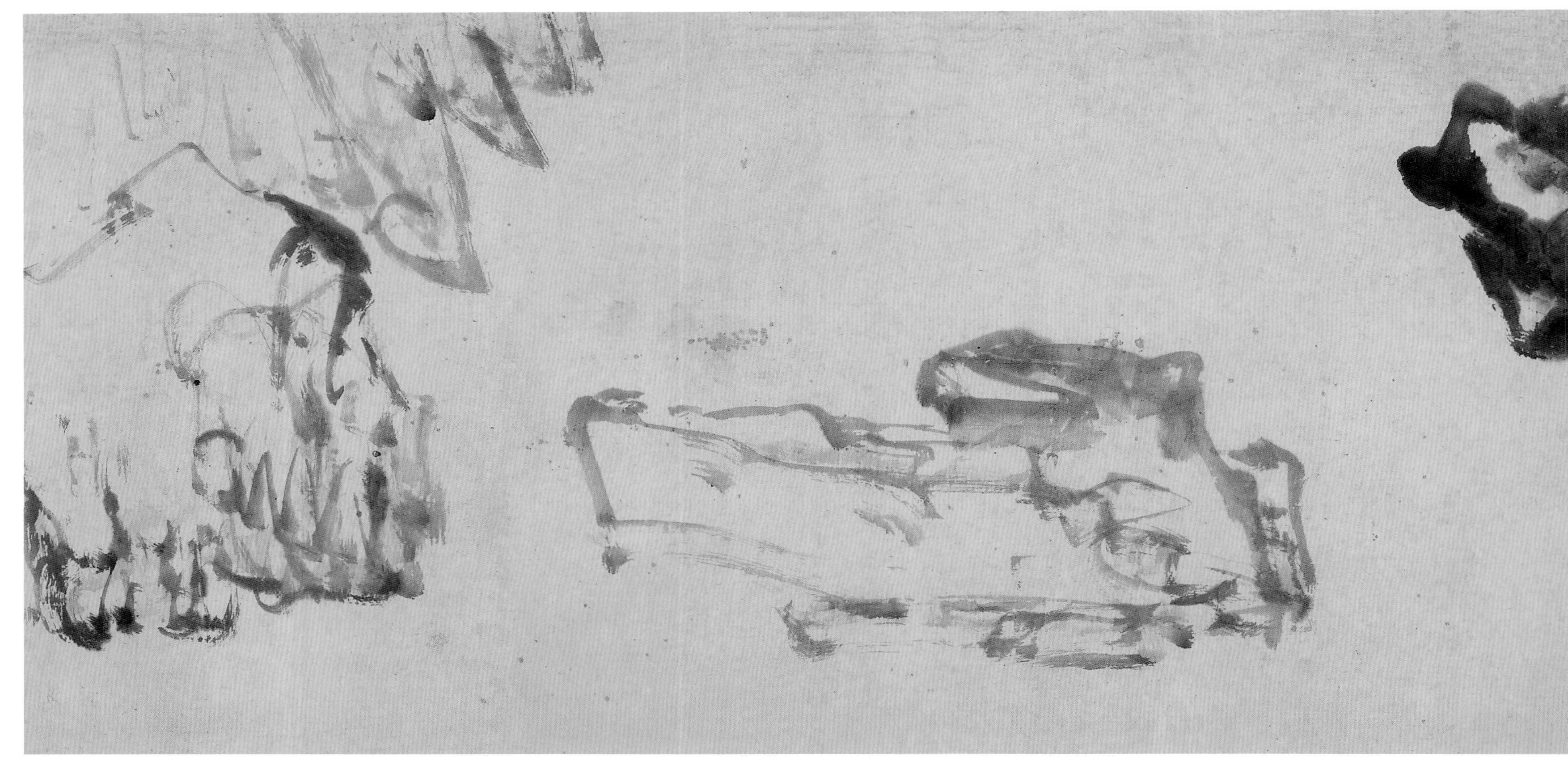

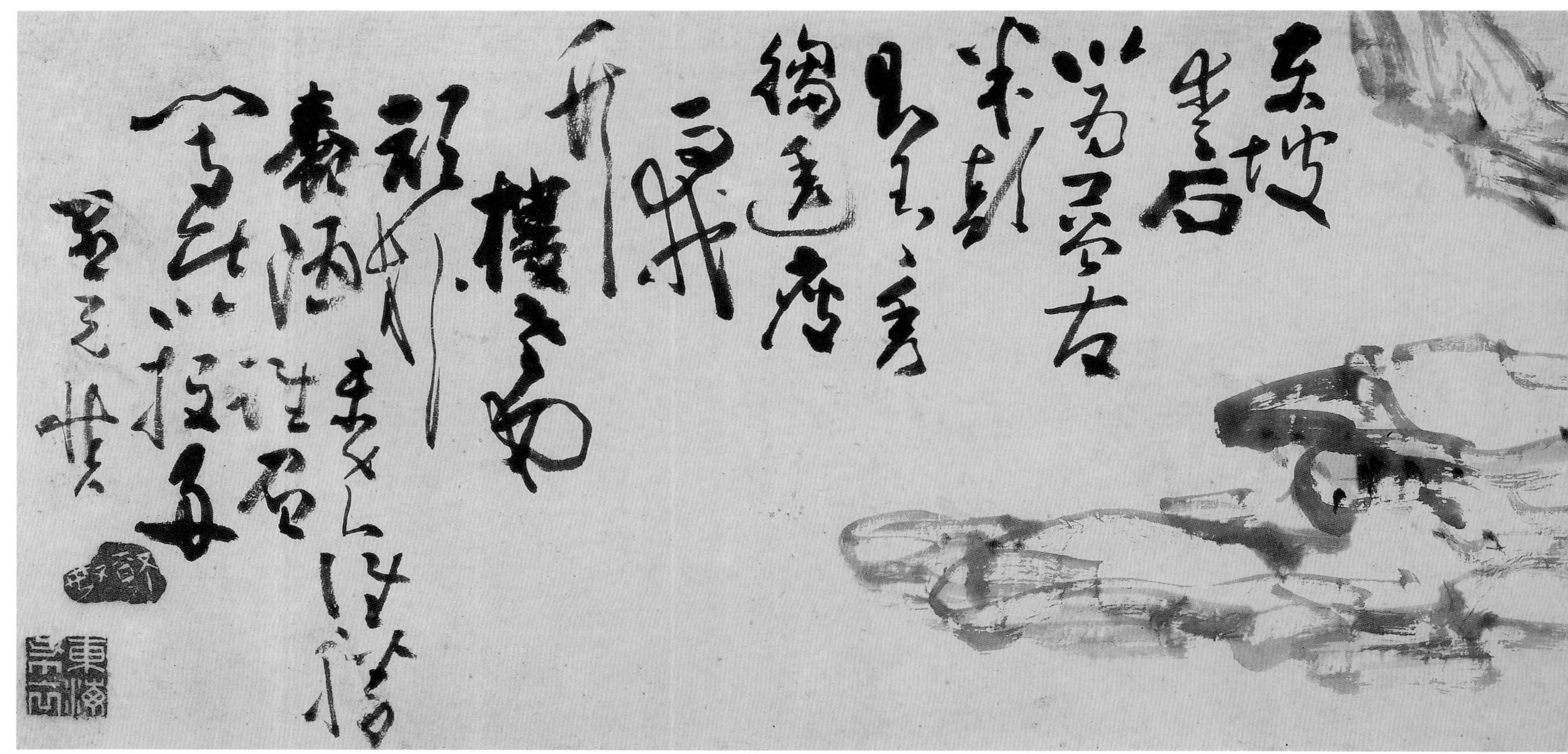

丑石图

卷　纸本　水墨设色　年代不详

30cm×138cm

款识：愚兄慎

钤印：斡（白）、奴（白）、东海布衣（白）

释文：东坡爱石，以为益友。米颠则有「秀、绉、透、瘦」。而我竹楼老弟「顽、朴、蠢、陋」。未知谁胜谁负？写此以投好。

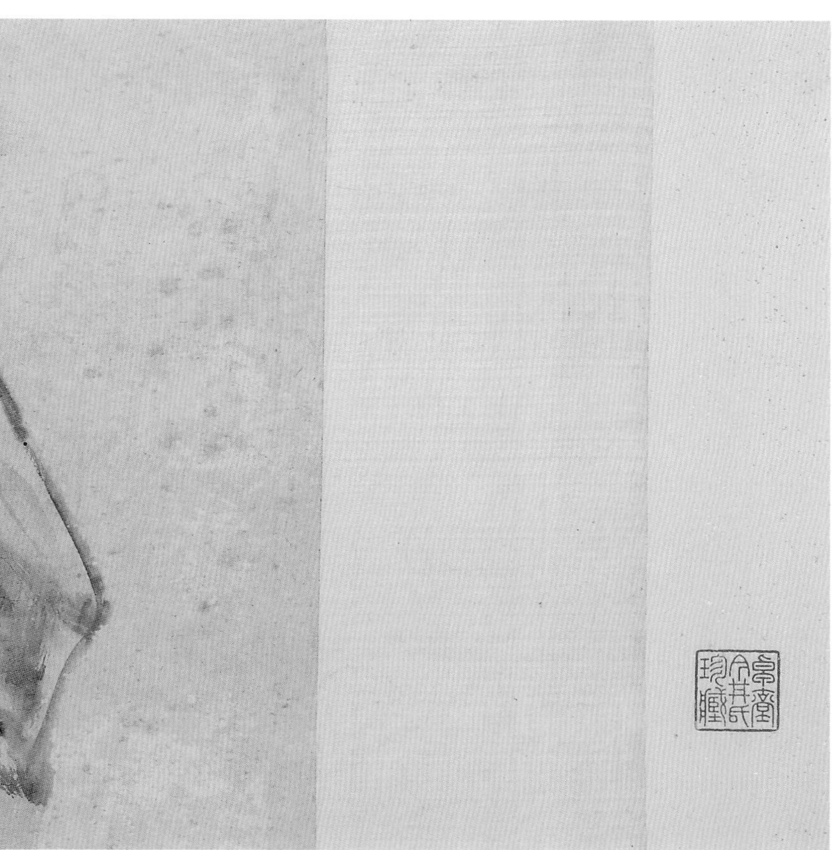

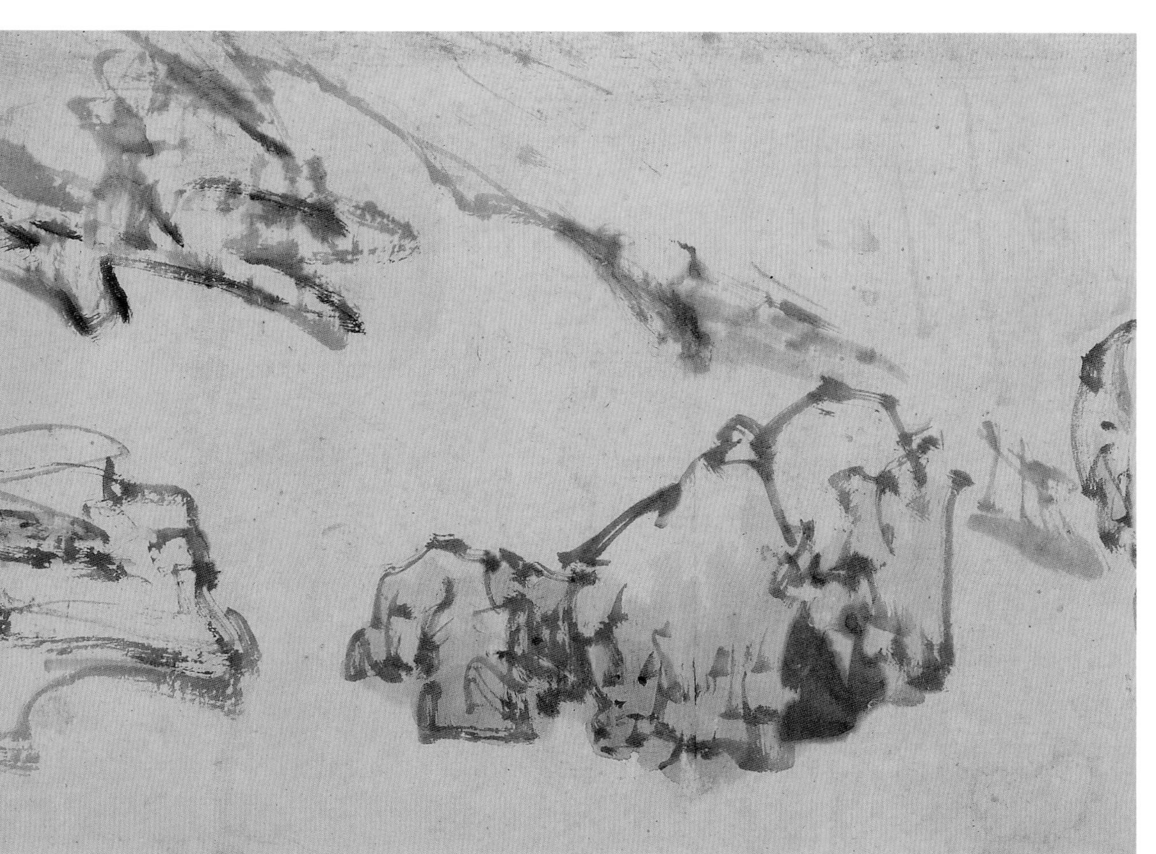

柳岸钓船图

轴　纸本　水墨设色　年代不详

140cm×64cm

款识：瘿瓢子慎

钤印：黄慎（白）、瘿瓢山人（白）

释文：采石春风听晚潮，榻悬宾馆夜萧萧。一时酒暖繁花艳，明日帆飞去路遥。冻绿欢尝罗汉菜，矜红深惜美人蕉。却藏不尽殷勤意，难绾离心是柳条。

柳岸泊舟图

轴 纸本 水墨设色 年代不详

106.5cm×53.5cm

南京市文物公司旧藏

款识：宁化黄慎

钤印：黄慎（朱）、瘿瓢（白）

释文：一卧沧波老钓徒，故人夜雨忆三吴。大江东去成天堑，处处春山叫鹧鸪。

踏雪寻梅图

轴　纸本　水墨　年代不详

166.5cm×91cm

款识：黄慎

钤印：黄慎（朱）、瘿瓢（白）

释文：骑驴踏雪为诗探，送尽春风酒一甒。独有梅花知我意，冷香犹可较江南。

绛舟图

册　纸本　水墨设色　年代不详

23cm × 33cm

钤印：黄（白）、慎（白）联珠印

释文：来往空劳白下船，秦楼楚馆总堪怜。但余一卷新诗草，听雨江湖二十年。

扁舟送酒图

横轴　纸本　设色　年代不详

88cm×115cm

款识：宁化黄慎写

钤印：黄慎（白）、瘿瓢（白）

释文：举世沉酣者，独醒有几人？不须勤击桨，贱卖石梁春。

豆棚纳凉图

横幅　纸本　设色　年代不详

28cm×39.5cm

款识：瘿瓢子慎

钤印：恭寿（朱）、黄慎（白）

释文：春来柳暖读耕堂，坐拂花茵爱石床。门外秧针新绿遍，犊归村巷背斜阳。

雷雨归舟图

轴　纸本　淡色　年代不详

美国纽约，佳士得拍卖公司影印

款识：宁化瘿瓢子慎

钤印：黄慎（白）、瘿瓢山人（白）

释文：举世沉酣者，独醒有几人？不须勤击桨，贱卖石梁春。

图引

P3
写生山水册（十二帧之一）
——江干晓雾图
20cm×14cm

P3
写生山水册（十二帧之二）
——寒林秋涧图
20cm×14cm

P4
写生山水册（十二帧之三）
——策杖山行图
20cm×14cm

P4
写生山水册（十二帧之四）
——杖屦登山图
20cm×14cm

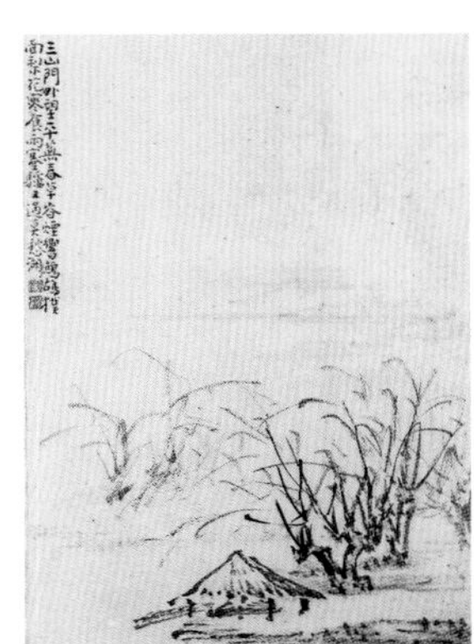

P5
写生山水册（十二帧之五）
——茅亭野渚图
20cm×14cm

P5
写生山水册（十二帧之六）
——山谷精舍图
20cm×14cm

P6
写生山水册（十二帧之七）
——岩麓泊舟图
20cm×14cm

P6
写生山水册（十二帧之八）
——萧寺步月图
20cm×14cm

P7
写生山水册（十二帧之九）
——松阴书屋图
20cm×14cm

P7
写生山水册（十二帧之十）
——江城晓色图
20cm×14cm

P8
写生山水册（十二帧之十一）
——梅冈话旧图
20cm×14cm

P8
写生山水册（十二帧之十二）
——归隐故庐图
20cm×14cm

P9
行舟浔阳城图
30.8cm×59.5cm

P11
江村雪霁图
31cm×43.5cm

P12
江城烟雨图
31cm×43.5cm

P13
溪山秋树图
31cm×43.5cm

P14
舟行小姑山图
31cm×43.5cm

P15
溪山别馆图
31cm×43.5cm

P16
溪山古村图
31cm×43.5cm

P18
柳溪古亭图
31cm×43.5cm

P19
驴雪行旅图
27.9cm×44.5cm

P25
鄱湖飞帆图
27.9cm×44.5cm

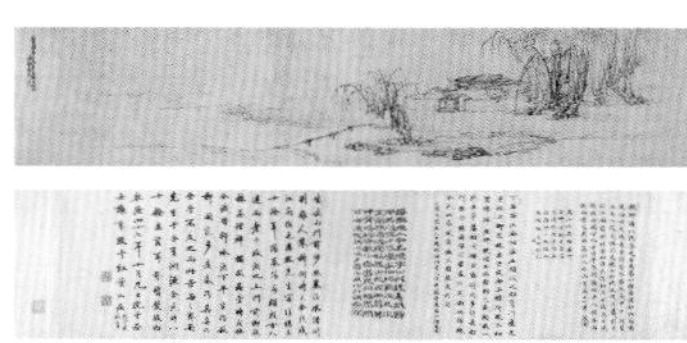

P21
杨柳庄院图
（又名《柳坞图》）
31.3cm×150cm

P26
风雨行舟图
27.9cm×44.5cm

P22
柳溪行舟图
27.9cm×44.5cm

P28
雪溪策驴图
32.1cm×32.2cm

P23
溪亭秋树图
27.9cm×44.5cm

P29
山楼候棹图
32.1cm×32.2cm

P24
溪山别馆图
27.9cm×44.5cm

P30
孤帆烟雨图
32.1cm×32.2cm

P31
溪亭憩望图
32.1cm×32.2cm

P32
秋江徙倚图
33.5cm×24cm

P33
湖畔策驴图
33.5cm×24cm

P34
白门春思图
33.5cm×24cm

P35
夕阳归牧图
33.5cm×24cm

P36
苇溪钓舟图
33.5cm×24cm

P37
南朝古刹图
33.5cm×24cm

P38
秋山古寺图
33.5cm×24cm

P39
驴雪行旅图
30cm×33cm

P40
溪山坐眺图
24cm×26.5cm

P41
柳溪钓舟图
24cm×26.5cm

P42
山溪行舟图
23.1cm×48.1cm

P43
雪溪策驴图
23.1cm×48.1cm

P46
桃柳春江图

P48
雪窗四望图
41.5cm×32.5cm

P49
寒山峡雨图
39.5cm×29.5cm

P50
广陵湖上图
39.5cm×29.5cm

P51
登小姑山图
39.5cm×29.5cm

P52
赣滩叠翠图
39.5cm×29.5cm

P53
秋日蛟湖图
39.5cm×29.5cm

P54
梅川翠洞图
39.5cm×29.5cm

P55
舟发鄱阳图
39.5cm×29.5cm

P56
过彭泽县图
39.5cm×29.5cm

P57
望玉皇阁图
39.5cm×29.5cm

P58
湖亭晓望图
39.5cm×29.5cm

P59
闽峤雪梅图
39.5cm×29.5cm

P61
九泷綷舟图
40cm×198cm

P62
柳溪行舟
36.9cm×28.4cm

P63
栈道行旅图
36.9cm×28.4cm

P65
九泷綷舟图
36.9cm×28.4cm

P66
风雨江城图
22.5cm×31.7cm

P67
高冈别馆图
22.5cm×31.7cm

P66
溢城临江图
22.5cm×31.7cm

P67
郊原野渡图
22.5cm×31.7cm

P66
驴雪探梅图
22.5cm×31.7cm

P67
秋江钓舟图
22.5cm×31.7cm

P66
春江古树图
22.5cm×31.7cm

P68
深山古刹图
22.5cm×31.7cm

P67
荒山野水图
22.5cm×31.7cm

P69
驴雪行旅图
22.5cm×31.7cm

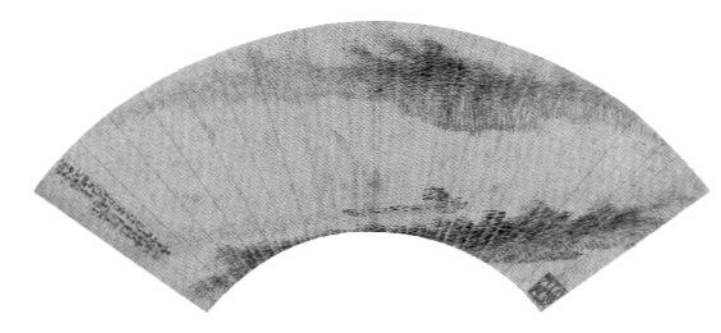

P71
苇岸酒船图
15.7cm×50cm

P72
秋溪别馆图
28.5cm×40.5cm

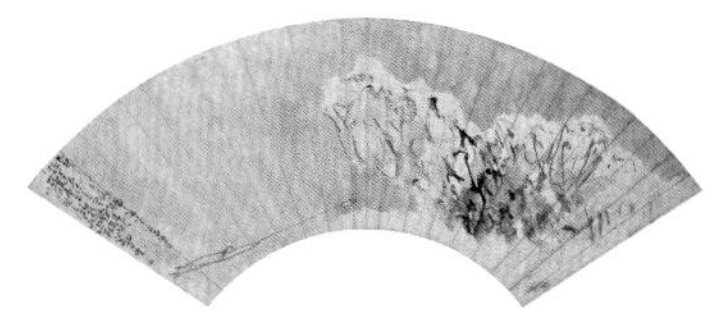

P73
九泷綷舟图

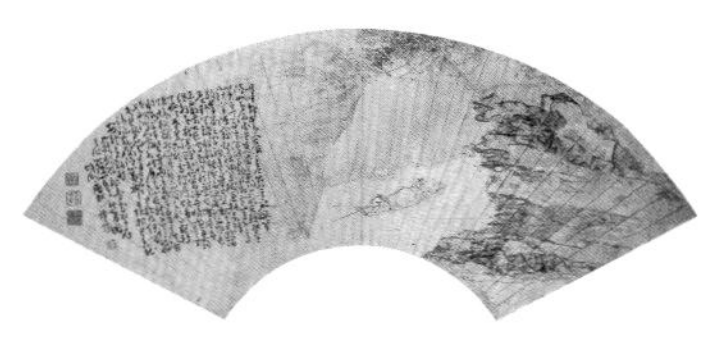

P75
九泷綷舟图

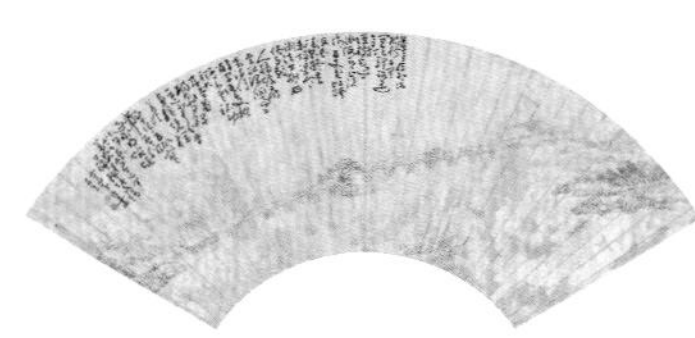

P77
万安桥图
17.6cm×53.5cm

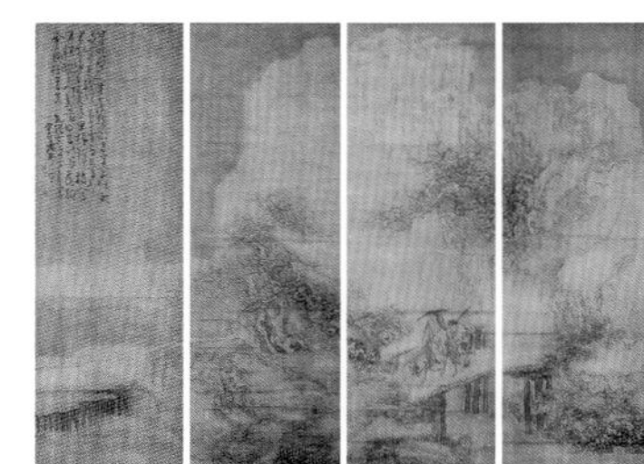

P78
雪骑探梅图
127cm×41cm×4

P80
溪馆候客图
183cm×101cm

P81
驴雪探梅图
194.5cm×106cm

P82
驴雪探梅图
100cm×156.9cm

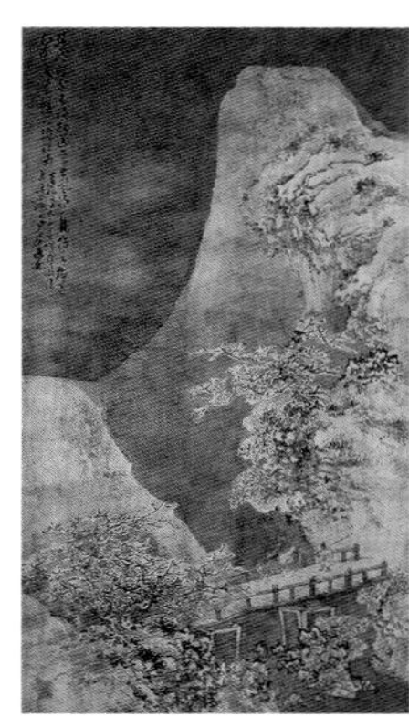

P83
驴雪探梅图
194.5cm×106cm

P85
九泷綷舟图
168cm×92cm

P87
蛟湖读书图
242.4cm×113.2cm

P89
江墅访友图
95.5cm×60.3cm

P90
驴雪探梅图
170.7cm×91cm

P91
驴雪探梅图
158cm×89cm

P93
踏雪寻梅图
192cm×112cm

P94
松门石镜图
24.5cm×31.5cm

P95
亭树惊风图
100cm×61cm

P100
桃花源图
38cm×394cm

P101
石城秋色图
123.5cm×45cm

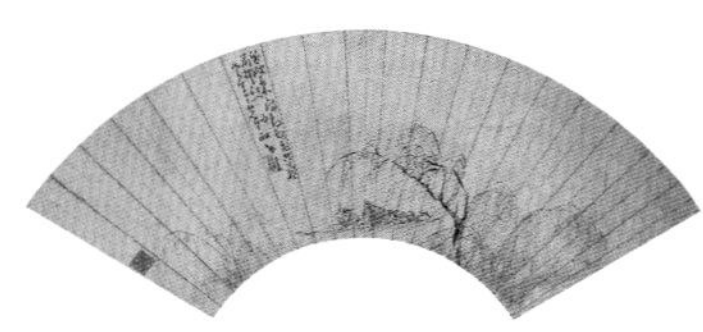

P102
柳溪泊钓图

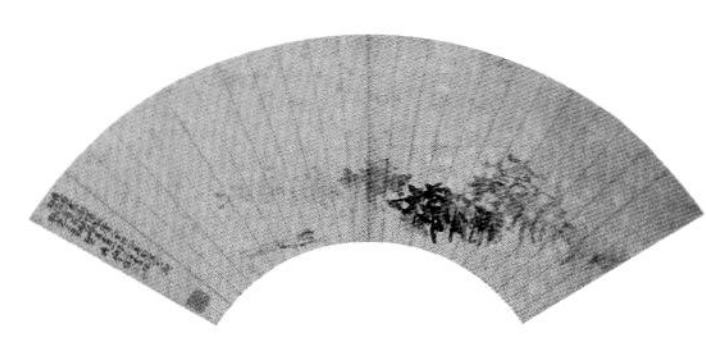

P103
春江行舟图

P104
雪郊探梅图
109cm×58cm

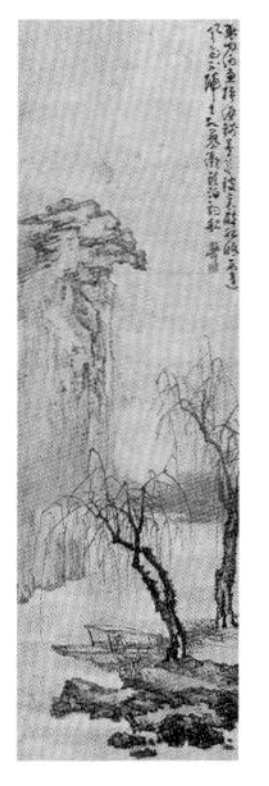

P105
柳岸泊舟图
203cm×59cm

P107
携琴访友图
168cm×88.5cm

P109
湖亭秋兴图
181cm×102cm

P110
江干泊舟图
23.7cm×34.7cm

P111
溪亭秋树图
23.7cm×34.7cm

P112
夜雨寒潮图
183cm×96.3cm

P113
山谷听琴图
163cm×82cm

P114
山溪行舟图
22.5cm×34.5cm

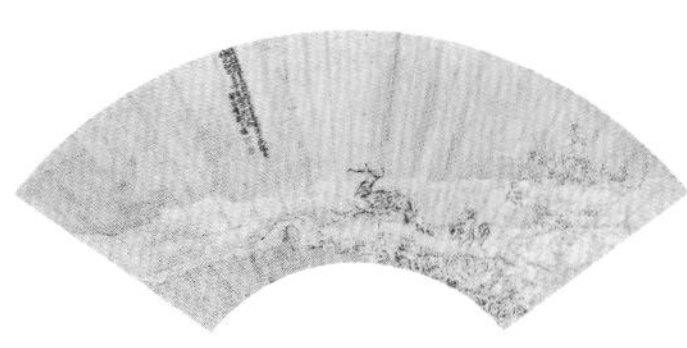

P115
踏雪寻梅图
17.5cm×49.5cm

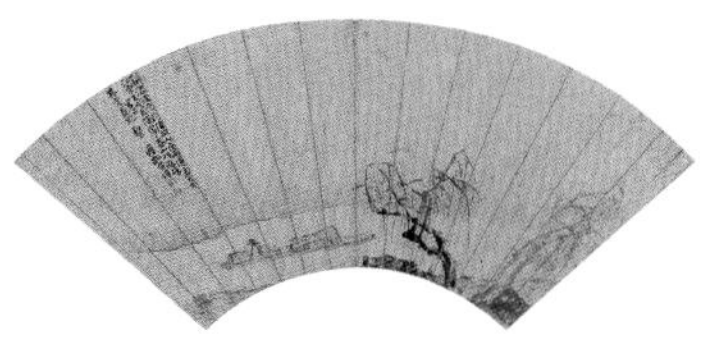

P116
柳溪泛舟图
19.3cm×50.5cm

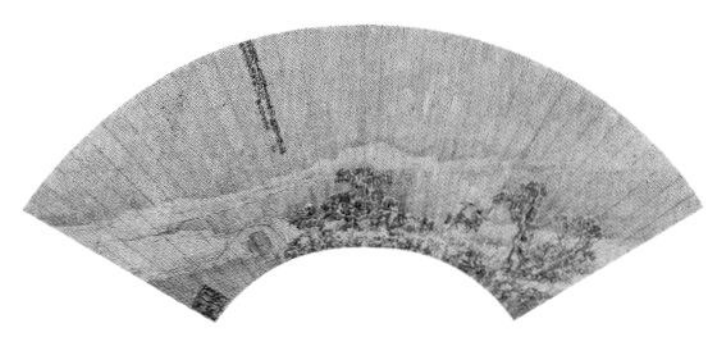

P117
驴雪探梅图
17.5cm×52.5cm

P118
燕子楼图
100.3cm×47.8cm

P119
松门石镜图
87.2cm×110.9cm

P120
豆棚纳凉图

P121
听泉看山图

P123
山阁江帆图

P124
柳岸泊钓图

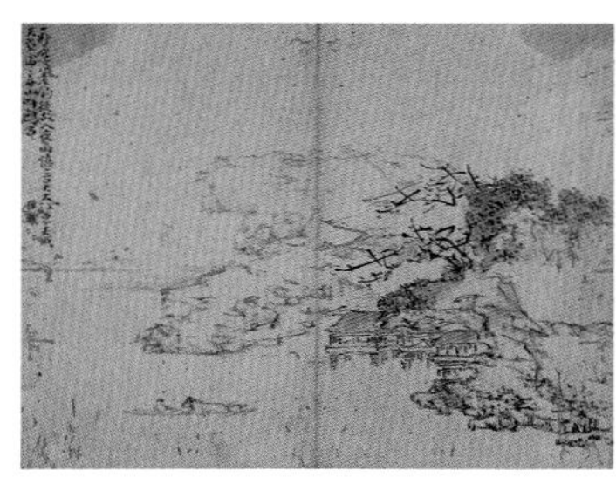

P126
棹舟买醉图

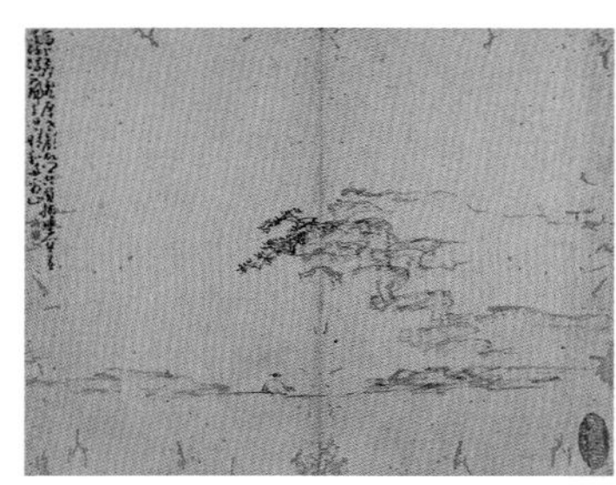

P128
坐看晴山图

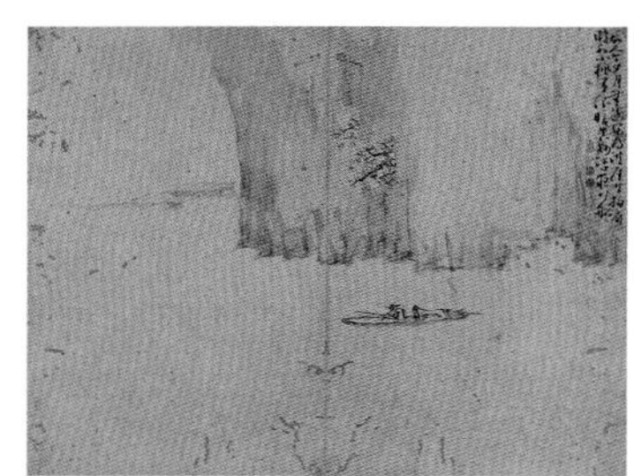

P130
行舟垂钓图

P132
山庄访友图

P134
夜雨归渔图
165.9cm×89cm

P135
云壑松泉图
174.5cm×50.5cm

P136
柳岸泊钓图
136.9cm×63.7cm

P137
春江垂钓图
136.9cm×63.7cm

P138
篷窗看山图
153.5cm×49cm

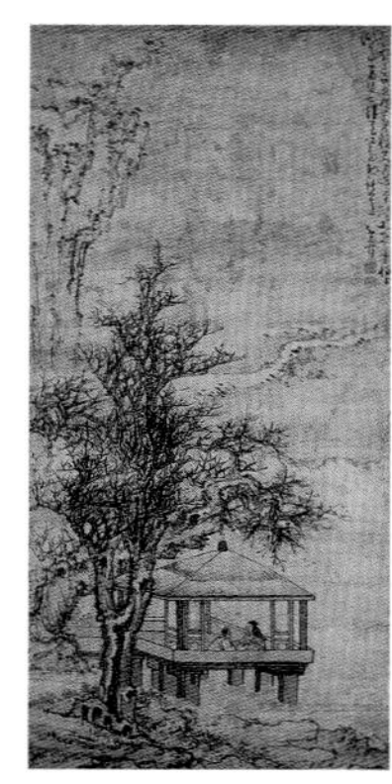

P139
湖亭共话图
161cm×75cm

P141
驴雪探梅图
189cm×115cm

P142
柳溪春泛图
167cm×75cm

P143
溪山行旅图
135cm×170cm

P144
雪天赏梅鹤图
98cm×48cm

P145
山亭听涛图
145cm×75cm

P146
听涛观瀑图
130.5cm×41cm

P147
松林论道图
135cm×63cm

P148
溪山幽居图
175cm×89cm

P149
柳岸渔话图
168.6cm×90.2cm

P150
柳滩泊钓图
76cm×120cm

P151
雨夜归人图
88cm×109cm

P152
驴雪探梅图
157cm×68.5cm

P153
驴雪探梅图
130cm×63cm

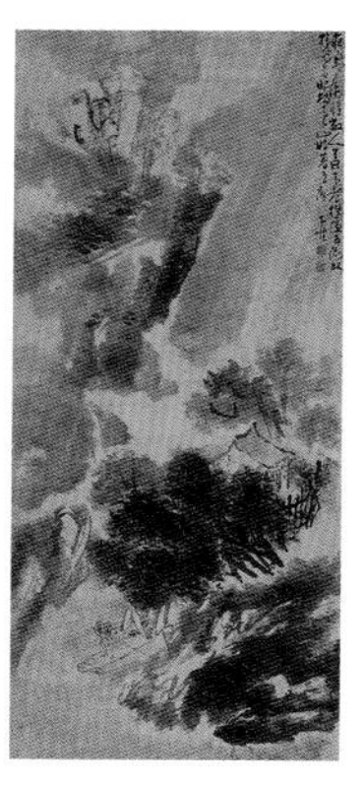

P154
雨夜归渔图
235cm×102cm

P155
壁立千仞图
53cm×26cm

P156
山亭坐憩图
235.5cm×102cm

P157
山亭观景图
169cm×87cm

P158
驴雪探梅图
188.5cm×107.5cm

P159
溪馆夜雨图
156.5cm×85cm

P160
柳岸泊钓图
164.5cm×85cm

P161
採茶坐憩图
131cm×59.7cm

P162
策杖访山友图
139.5cm×71cm

P163
舣舟送酒图
172.5cm×94.5cm

P164
溪馆读书图
26.5cm×28.5cm

P165
柳岸泊钓图
118cm×48.5cm

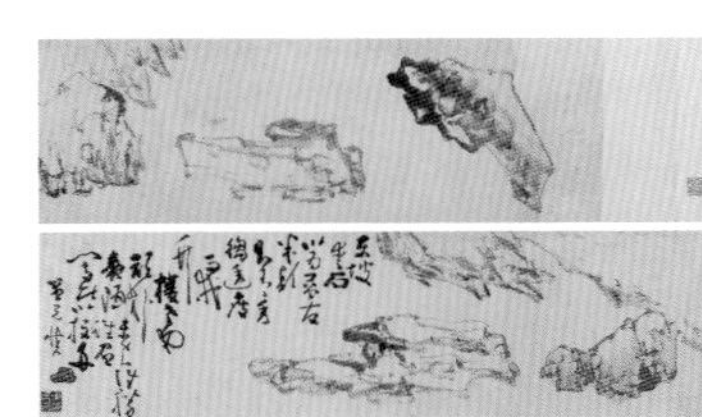

P167
丑石图
30cm×138cm

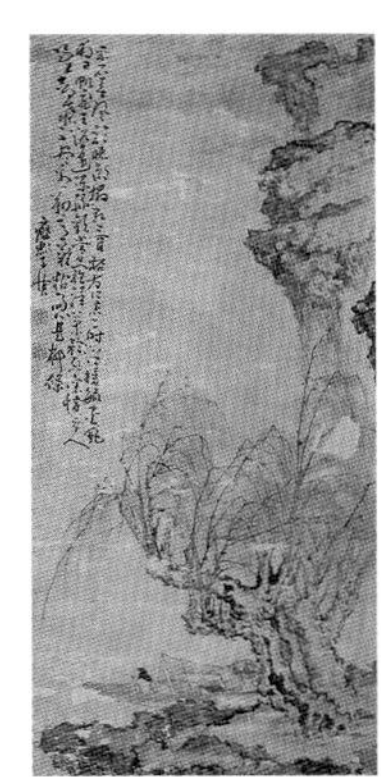

P168
柳岸钓船图
140cm×64cm

P169
柳岸泊舟图
106.5cm×53.5cm

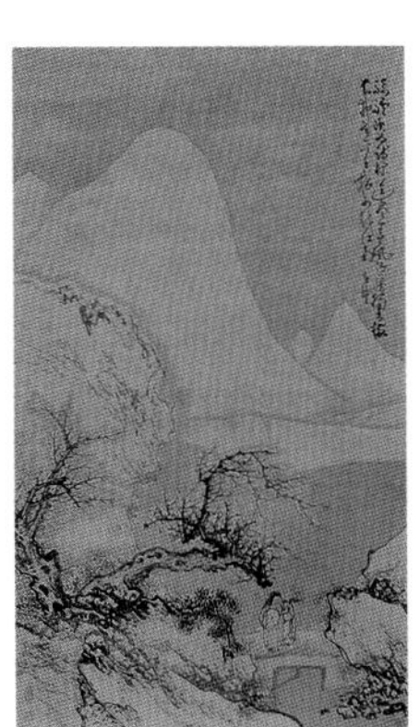

P171
踏雪寻梅图
166.5cm×91cm

P172
绛舟图
23cm×33cm

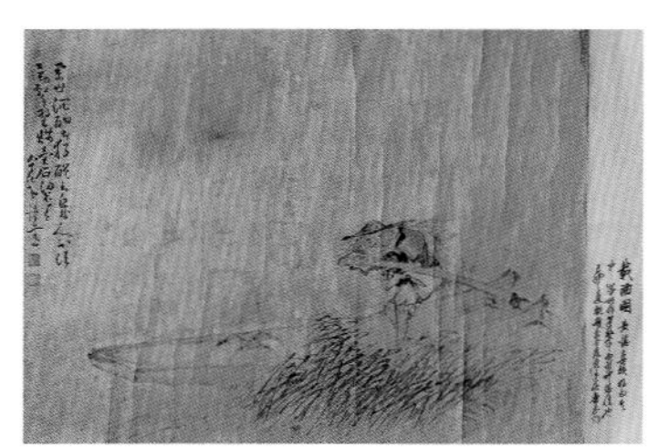

P173
扁舟送酒图
88cm×115cm

P174
豆棚纳凉图
28cm×39.5cm

P175
雷雨归舟图